Jésus Christ sauveur du monde

Vers le IIIᵉ millénaire
10 célébrations

Jean-Yves Garneau

MÉDIASPAUL

Médiaspaul est bénéficiaire des programmes d'aide à l'édition du Conseil des Arts du Canada et de la Société de développement des entreprises culturelles du Québec (SODEC).

Données de catalogage avant publication (Canada)

Garneau, Jean-Yves

    Jésus Christ sauveur du monde: vers le IIIe millénaire: 10 célébrations

    Comprend un index.

    ISBN 2-89420-362-4

    1. Jésus Christ — Livres de prières et dévotions français. 2. Église catholique — Livres de prières et dévotions français. 3. Église catholique — Hymnes. I. Titre.

BT306.5.G37 1997   242'.72   C96-941508-7

Composition et mise en page : *Médiaspaul*

Illustration de la couverture: *Le Sauveur du monde*, Antonello da Messina, XVe siècle. National Gallery, Londres.

Maquette de la couverture : *Summum*

ISBN 2-89420-362-4

Dépôt légal — 1er trimestre 1997
Bibliothèque nationale du Québec
Bibliothèque nationale du Canada

© 1997   Médiaspaul
          3965, boul. Henri-Bourassa Est
          Montréal, QC, H1H 1L1 (Canada)

          Médiaspaul
          8, rue Madame
          75006 Paris

Présentation

Nous fêtons annuellement les anniversaires des gens que nous aimons. Nous célébrons aussi des cinquièmes, des dixièmes, des vingt-cinquièmes anniversaires de personnes que nous connaissons ou d'institutions auxquelles nous appartenons. Les cinquantenaires, les centenaires, les bicentenaires et les tricentenaires sont également célébrés. Plus il y a d'années derrière la fête, plus celle-ci prend du relief.

Or voici que nous sommes à la veille d'un nouveau millénaire, le troisième de notre ère. Occasion de fêter en grand! Ici et là, on en parle, on se prépare.

L'Église aussi se prépare. Elle a une raison particulière de le faire, puisque c'est en référence à son fondateur qu'en Occident et ailleurs, on compte les années. Impossible d'oublier que si nous atteignons l'an 2000, c'est parce qu'on a un jour commencé à dénombrer les années en se référant à cette année où Jésus, le Christ, est né à Bethléem.

Qu'on ne dise pas que ce n'est pas en l'an un qu'il est né, mais plutôt vers l'an 6 de notre ère. Cette précision ne change rien à l'objet de la fête qui approche. L'important réside dans le fait de cette naissance elle-même qui a profondément marqué l'histoire du monde.

Jean-Paul II estime que l'entrée dans le troisième millénaire doit être particulièrement célébrée dans le monde chrétien. Aussi, le 10 novembre 1994, dix-septième année de son pontificat, a-t-il signé et adressé à tous les fidèles une lettre apostolique intitulée

Tertio millennio adveniente (Alors qu'approche le troisième millénaire[1]).

Dans cette lettre, il annonce la célébration d'une année jubilaire qui débutera le 1er janvier de l'an 2000 et, souhaitant qu'on s'y prépare trois ans à l'avance, il trace lui-même un programme de préparation.

La première année, 1997, sera donc consacrée à *la réflexion sur le Christ*, Verbe du Père, fait homme par l'action de l'Esprit Saint. Il convient en effet de mettre en lumière *le caractère nettement christologique du jubilé*, qui célébrera l'Incarnation du Fils de Dieu, mystère de salut pour tout le genre humain. Le thème général proposé pour cette année, par de nombreux cardinaux et évêques, est : *«Jésus Christ, unique Sauveur du monde, hier, aujourd'hui et à jamais»* (cf. *He* 13, 8) (n. 40).

L'année 1998, la *deuxième année* de la phase préparatoire, sera spécialement consacrée à l'*Esprit Saint* et à sa présence sanctificatrice à l'intérieur de la communauté des disciples du Christ. [...]

L'Esprit, en effet, actualise dans l'Église de tous les temps et de tous les lieux la Révélation unique apportée par le Christ aux hommes, la rendant vivante et efficace dans l'âme de chacun [...]. (n. 44)

Dans les tâches premières de la préparation au Jubilé, figure donc *la redécouverte de la présence et de l'action de l'Esprit*. (n. 45)

L'année 1999, *troisième et dernière année préparatoire*, servira à élargir les horizons des croyants selon *la perspective même du Christ : la perspective du «Père qui est aux cieux»* (cf. *Mt* 5, 45), par qui il a été envoyé et vers qui il est retourné (cf. *Jn* 16, 28).

.[...] Toute la vie chrétienne est comme un grand *pèlerinage vers la maison du Père*, dont on retrouve chaque jour l'amour inconditionnel pour toutes les créatures humaines, et en particulier pour le «fils perdu» (cf. *Lc* 15, 11-32). [...]

Le Jubilé, centré sur la figure du Christ, devient ainsi un grand acte de louange du Père. (n. 49)

---

1 Lettre apostolique *Tertio millennio adveniente* du Souverain pontife Jean-Paul II à l'épiscopat, au clergé et aux fidèles, sur la préparation du jubilé de l'an 2000, dans *L'Église de Montréal*, n° 43, 24 novembre 1994, pp. 1201-1232.

La célébration même du grand Jubilé constitue un chapitre en soi; elle aura lieu simultanément en Terre Sainte, à Rome et dans les Églises locales du monde entier. Dans cette phase surtout, la *phase de la célébration*, l'objectif sera *la glorification de la Trinité,* dont tout provient et vers laquelle tout s'oriente dans le monde et dans l'histoire. Les trois années de préparation immédiate tendent à ce mystère: du Christ et par le Christ, dans l'Esprit Saint, vers le Père. Dans ce sens, la célébration jubilaire met en œuvre et anticipe en même temps le but et l'accomplissement de la vie du chrétien et de l'Église en Dieu un et trine.

Mais comme le Christ est l'unique voie d'accès au Père, pour souligner sa présence vivante et salvatrice dans l'Église et dans le monde, se tiendra à Rome, à l'occasion du grand Jubilé, *le Congrès eucharistique international.* L'An 2000 sera une année intensément eucharistique: dans *le sacrement de l'Eucharistie,* le Sauveur, incarné dans le sein de Marie il y a vingt siècles, continue à s'offrir à l'humanité comme source de vie divine. [...]

Une chose est certaine: chacun est invité à faire ce qui est en son pouvoir pour que l'on ne manque pas le défi de l'An 2000, auquel est certainement attachée une grâce particulière du Seigneur pour l'Église et pour toute l'humanité. (n. 55)

C'est dans l'espoir d'aider à réaliser ce vaste projet que nous publions pour l'année 1997 dix suggestions de prière communautaire centrées sur le Christ, unique Sauveur du monde.

Si on nous signale que de tels matériaux rendent d'utiles services à plusieurs communautés chrétiennes, nous espérons être en mesure de poursuivre ce travail en proposant d'autres célébrations pour les années qui suivent:

> 1998: L'Esprit Saint,
> 1999: Dieu le Père,
> 2000: Le grand Jubilé.

Notes pour
la mise en œuvre des célébrations

1. Les dix suggestions de célébrations faites ici sont destinées à être étalées tout au long de l'année. Le rythme d'une fois le mois, en faisant relâche durant l'été, vient spontanément à l'esprit.

2. Ces célébrations doivent évidemment être adaptées aux assemblées qui les utiliseront.

   La première tâche qui incombera aux animateurs sera de déterminer le temps que l'on entend consacrer à chaque célébration : quarante-cinq minutes? une heure?

   Si on trouve la matière trop abondante, il sera facile de la réduire. Quelques intentions de prière, quelques couplets de chant de moins, des temps de silence qui ne se prolongent pas indûment, et ce sera fait.

   Par contre, si on trouve les suggestions trop brèves — ce qui nous étonnerait —, il sera facile d'ajouter soi-même quelques intentions de prière qui tiennent compte de ce que vivent les personnes rassemblées, ou encore d'inviter les membres de l'assemblée à proposer eux-mêmes des intentions de prière. Il est également facile d'ajouter quelques couplets de chant et de prolonger les temps de silence.

3. On évitera de trop réduire les temps de silence. Nous les avons voulus nombreux, convaincu qu'ils sont indispensables pour faire naître et grandir la prière intérieure. Ils demandent cependant à être adaptés à chaque assemblée. Trop de silence peut susciter l'ennui et l'évasion. Trop peu risque de laisser l'assemblée sur sa faim d'intériorité.

Certaines communautés sont, plus que d'autres, préparées à entrer dans le silence et à le vivre intensément. Il faut en tenir compte.

Il faut également veiller à faire progresser dans la voie du silence ces communautés qui ne sont pas habituées à se recueillir plus de dix ou vingt secondes.

4. La personne qui présidera les célébrations sera attentive à la façon de s'exprimer.

Les formules qui utilisent le « vous » sont réservées aux ministres ordonnés (prêtres et diacres) : Le Seigneur soit avec *vous*... Que Dieu tout-puissant *vous* bénisse...

Les autres ministres emploient le nous : Que le Seigneur *nous* donne la grâce et la paix. — Béni soit Dieu maintenant et toujours.

5. Concernant le choix des chants, des acclamations, des répons et des invocations, nous renvoyons à quelques sources que nous croyons très accessibles :

— Les fiches de chants (SEFIM),
— Le livret des fidèles (LF), 1966,
— ALPEC,
— Les chants Notés 1, (CN 1), 1978,
— Le missel noté de l'assemblée (MNA), 1990.

Il est le Verbe fait homme

Musique d'orgue, une dizaine de minutes avant le début de la célébration.
Si possible, on aura placé dans le chœur ou on y apportera en procession une image du Christ (de préférence une icône du Christ glorieux).

I. Ouverture

Accompagné de deux lecteurs et de la personne qui anime le chant de l'assemblée, le président se dirige vers le chœur.
Tous se rendent derrière l'autel, puis le saluent ensemble.
Quand le président est à son siège, la musique s'arrête.

1. Salutation et introduction au chant d'ouverture

Au nom du Père...

Que Jésus, le Christ, unique sauveur du monde, soit avec vous.
— Et avec votre esprit.

Nous célébrerons bientôt notre entrée dans le IIIe millénaire. Trois ans encore, et nous y serons. Trois ans, c'est vite passé. Déjà, sur la place publique, on parle assez souvent de l'an 2000 qui approche. Cette date est importante. Ce n'est pas tous les jours qu'on change de millénaire !

Le pape Jean-Paul a invité l'Église entière à se préparer intensément à cet événement. S'il accorde une très grande importance à l'an 2000, c'est parce que cette date renvoie à la venue du Fils de Dieu dans le monde. Depuis longtemps, nous comptons en effet les années en nous rapportant à la naissance du Christ. Il y a les années avant Jésus Christ et les années après Jésus Christ.

Jésus Christ est ainsi placé au cœur de l'histoire du monde. Sa venue sur terre a inauguré une étape nouvelle et déterminante de l'histoire du salut. Pour nous, chrétiens, tout le temps qui a précédé l'Incarnation était orienté vers la naissance du Christ, et tout le temps qui suit l'incarnation se situe dans la lumière de la naissance de Jésus et dans son sillage.

Jean-Paul II voit, dans l'an 2000, une merveilleuse occasion de célébrer le Christ; une occasion de nous redire qui il est pour nous, croyants, et qui il est pour l'humanité entière.

En 1994, le pape a publié un document concernant le jubilé de l'an 2000. Dans ce document, il invite toutes les Églises locales de l'univers à se préparer durant trois ans à l'arrivée du IIIe millénaire. Et il demande que, durant ces trois années, soit mise en œuvre une catéchèse du mystère du Christ.

Jean-Paul II a même tracé un programme de catéchèse. Que 1997, a-t-il écrit, soit consacré à une réflexion sur le Christ, sauveur du monde. Que 1998 soit réservé à une catéchèse de l'Esprit Saint. Et que 1999 serve à l'approfondissement de la personne de Dieu le Père.

Le pape souhaite donc une préparation qui fixe notre regard, notre cœur et notre esprit sur l'essentiel de la foi, c'est-à-dire sur le mystère de la Trinité : le Père, le Fils et le Saint-Esprit.

Nous entreprenons aujourd'hui cette longue démarche de préparation à l'an 2000, qui durera trois ans. Faisons-le en nous tenant devant le Christ et en bénissant son Père qui l'a envoyé dans le monde, qui l'a généreusement donné au monde pour qu'il soit le sauveur du monde.

On peut éclairer l'image du Christ et garder quelques instants de silence avant d'entonner le chant qui suit.
Durant ce temps, l'organiste peut improviser sur la musique du chant qui sera choisi.

2. Chant

PEUPLES, CRIEZ DE JOIE ET BONDISSEZ D'ALLÉGRESSE
(M 27; CN 2, p. 180)
Couplets 1, 2, 3, 5

ou TERRE ET CIEL (C 14; CN 1, p. 55)
ou DIEU TRÈS-HAUT QUI FAIS MERVEILLE
(C 127-1; CN 2, p. 38)

Invitation à s'asseoir.

II. Première partie: au commencement était le Verbe

3. Introduction à la lecture

Quand Jésus a commencé à vivre ce que nous appelons sa vie publique, beaucoup de gens ont été impressionnés en le voyant et en l'entendant parler. Il s'exprimait avec beaucoup d'autorité et il parlait en paraboles. Il posait des gestes étonnants: il redonnait la vue à des aveugles, il faisait marcher des boiteux. Les gens s'interrogeaient donc à son sujet. Qui est-il exactement, cet homme? Est-il un prophète? Est-il le plus grand de tous les prophètes? Est-il le messie? Est-il le Fils de Dieu?

Ces questions, on se les est posées tout au long de la vie de Jésus et ce n'est qu'après sa résurrection que ses disciples ont pleinement perçu qui il était. C'est alors seulement qu'ils ont totalement pris conscience de sa véritable identité. C'est alors seulement qu'ils ont réalisé en profondeur ce qu'il était venu accomplir sur terre.

Dans le premier chapitre de son évangile, l'apôtre saint Jean rend compte de la foi des premiers disciples. Il le fait de façon solennelle et grave. Nous allons relire ce texte et le méditer.

4. Lecture

JEAN 1, 1-8

Le texte pourrait être proclamé sur fond musical et suivi d'un prolongement musical.

Au commencement était le Verbe,
et le Verbe était auprès de Dieu,
et le Verbe était Dieu.
Il était au commencement auprès de Dieu.

L'univers n'a existé que par lui
et rien n'a existé sans lui.
Ce qui a existé était vie grâce à lui,
et pour les hommes, la vie, c'est la lumière.
La lumière brille dans les ténèbres,
et les ténèbres ne l'ont pas accueillie.

Un homme est venu, envoyé par Dieu,
son nom était Jean.
Il est venu comme un témoin,
pour rendre témoignage à la lumière;
ainsi, par lui, tous pourraient croire.
Il n'était pas la lumière,
mais il venait pour rendre témoignage à la lumière.

5. Réflexions

a) Saint Jean ne commence pas par parler de Jésus, du Christ, du Messie ou du Sauveur; il parle du Verbe. Ce Verbe, qu'il appellera plus tard Jésus, Christ, Messie, Sauveur, il le présente comme étroitement lié à Dieu. Pour lui, le Verbe est l'expression même de Dieu.

Dans son épître aux Colossiens, saint Paul dit de Jésus qu'il est «l'image du Dieu invisible» (1, 15). Dans son épître aux Philippiens, il affirme qu'il était «de condition divine» (2, 6). Dans l'épître aux Hébreux, on présente Jésus comme le «resplendissement de la gloire de Dieu» et comme l'«expression de son être» (1, 3).

Toutes ces expressions viennent nous dire jusqu'à quel point le lien est étroit entre Dieu le Père et son Verbe, entre Dieu le Père et celui que, dans la foi, nous appelons son Fils.

Jésus est Fils de Dieu. Voilà ce que nous proclamons dans la foi. Jésus est l'égal de Dieu. Il est Dieu lui-même. Nous ne savons pas comment cela est possible. Cette affirmation demeure pour nous impénétrable, mais nous l'accueillons comme une richesse et comme un précieux trésor. Cette affirmation, nous ne l'expliquons pas; nous y croyons. Nous y croyons avec l'apôtre Jean et avec les autres apôtres. Nous y croyons avec tous les disciples qui ont cru depuis 2000 ans.

b) Après avoir affirmé que Jésus était le Verbe, saint Jean le présente comme source de vie et de lumière. Tout ce qui existe a été créé par lui. Le Père n'a rien créé sans lui. Il ne le pouvait pas puisque le Verbe et lui ne font qu'un.

Quand il prêchera aux gens de son temps, Jésus se présentera lui-même comme source de vie et de lumière. «C'est moi qui suis la résurrection et la vie», dira-t-il. Et il ajoutera: «Celui qui croit en moi, même s'il vient à mourir, vivra.» (Jn 11, 25) Il dira aussi: «Je suis la lumière du monde. Celui qui me suit ne marchera pas dans les ténèbres: il aura la lumière qui est vie.» (Jn 8, 12)

Le Verbe est vie et il est lumière. Le Christ est vie et il est lumière. Il est vie divine et lumière de Dieu. Il offre sa vie et sa lumière. Pas n'importe quelle vie, pas n'importe quelle lumière: cette vie et cette lumière qui sont la vie même et la lumière même de Dieu.

Et cette vie et cette lumière — Jean le dira —, elles existent réellement pour nous! Ce mystère est grand. Nous sommes privilégiés de le connaître. Méditons-le.

Temps de réflexion silencieuse. On peut placer quelques cierges allumés près de l'icône du Christ.

6. Acclamations

Parce qu'il est le Verbe de Dieu, parce qu'il est la lumière et la vie, le Christ est digne de nos louanges et de nos acclamations. Louons-le donc. Acclamons-le.

Geste qui invite à se lever.

Répons TU ES, SEIGNEUR, ÉTERNELLEMENT
(LF = *Livret des fidèles*, n° 201, p. 197)

— Tu es le Verbe de Dieu, tu es sa Parole, tu es son image. Verbe de Dieu, nous t'acclamons.

— Tu es l'alpha et tu es l'oméga, tu es le commencement et tu es la fin, tu es le soir et tu es le matin. Verbe de Dieu, image du Dieu éternel, nous t'acclamons.

— Rien n'a été fait sans toi, tout a été créé par toi; tu étais là aux origines du monde, tu seras là quand viendra le dernier jour. Pour ce que tu es, pour ce que tu fais, Verbe de Dieu, nous t'acclamons.

— Tu es au delà du temps et de l'espace; tu es le maître de la vie et tu es le maître de l'espace; tu es le bien-aimé de Dieu, tu es son Fils, tu es sa gloire et sa splendeur. Verbe de Dieu, nous t'acclamons.

Geste qui invite à se rasseoir.

7. Réflexion silencieuse

On peut éclairer davantage l'image du Christ ou apporter de nouveau près d'elle quelques cierges allumés.

III. Deuxième partie : le Verbe s'est fait chair

8. Lecture

JEAN 1, 9-14

(Le Verbe) était la lumière véritable,
celui qui illumine tout être humain,
et il venait en ce monde.
Il était déjà dans le monde,
ce monde existait grâce à lui,
et ce monde ne le connaissait pas.
Quand il est venu chez lui,
les siens ne l'ont pas accueilli.
Mais à tous ceux qui l'ont accueilli,
il a donné le pouvoir de devenir enfants de Dieu.
Oui, quand ils ont cru en son Nom ils sont nés,
mais non pas du sang,
ni d'un appel de la chair

ni de la volonté d'un homme :
ils sont nés de Dieu.

Et le Verbe s'est fait chair
et il a habité parmi nous,
et nous avons vu sa gloire :
la gloire que seul un Fils Unique peut recevoir du Père :
en lui tout était don d'amour et vérité.

9. Réflexions

a) Le Verbe de Dieu ne s'est jamais désintéressé du monde. Il ne le pouvait pas, il ne le voulait pas, puisqu'il était le créateur du monde. Comment un père, une mère pourraient-ils se désintéresser de leur enfant? Comment Dieu le Père et son Verbe pourraient-ils être indifférents à ce qu'ils ont créé ensemble?

Le Verbe de Dieu connaissait donc le monde et il l'aimait, mais le monde, lui, ne connaissait pas le Verbe et ne pouvait donc pas l'aimer. C'est pour se faire connaître du monde et pour faire connaître au monde l'existence de Dieu son Père que le Verbe s'est rapproché du monde. Il est venu dans le monde. Il a pris chair dans le monde.

b) Il venait pour éclairer, il venait pour apporter la vie. Pas n'importe quelle vie! Celle de Dieu!

Pour exprimer cette réalité, saint Jean emploie des mots qui sont d'une force exceptionnelle et qui nous révèlent une réalité que nous n'aurions jamais pu imaginer. Cette réalité, c'est que ceux et celles qui accueillent la lumière et la vie qui viennent de Dieu... ceux et celles qui accueillent le Verbe de Dieu, deviennent enfants de Dieu.

Enfants de Dieu! Être enfants de Dieu, l'être vraiment : quelle merveille!

Saint Jean, dans sa première épître, a des mots saisissants. Il écrit: «Voyez quel amour nous a donné le Père: nous sommes appelés enfants de Dieu, et nous le sommes.» (3, 1) Nous le sommes! Nous le sommes réellement. Dieu nous a adoptés, il a fait de nous ses fils. Cette adoption s'est réalisée dans le baptême. Avant d'être baptisés, nous étions des créatures de Dieu, mais nous ne pouvions pas être appelés ses fils.

Le baptême a été pour nous une nouvelle naissance. Il a fait de nous des êtres neufs. Il a fait de nous des enfants de Dieu. Et ce n'est pas une fiction, ce n'est pas un semblant. C'est une réalité. C'est vrai. Nous sommes de la famille de Dieu.

En méditant dans le silence, demandons à l'Esprit Saint de nous aider à réaliser tout ce que nous sommes pour Dieu.

Réflexion silencieuse.

10. Lecture

JEAN 1, 15-18

Jean a rendu témoignage au sujet du Verbe qui s'est fait chair:
il a dit bien haut: «C'est celui dont je parlais;
il est venu après moi,
mais déjà il me dépasse,
car bien avant moi, il était.»

Nous avons tous reçu de sa plénitude:
chaque don d'amour en préparait un autre.
Par Moïse nous avons reçu la Loi,
mais le don d'amour et la vérité sont venus par Jésus Christ.
Personne n'a jamais vu Dieu,
mais Dieu Fils Unique nous l'a fait connaître,
lui qui est dans le sein du Père.

11. Acclamations et intercessions

Saint Jean a raison, nous avons beaucoup reçu de l'amour de Dieu. Impossible de tout nommer ce que nous avons reçu. Impossible de pleinement réaliser ce qui nous a été donné. Nous saurons vraiment, nous comprendrons vraiment quand nous serons dans le Royaume, près du Christ.

Rendons grâce pour ce que nous avons reçu.

Geste qui invite à se lever.

— Pour les nuits et pour les jours, pour le froid et pour la chaleur, pour les plaines et pour la mer, Seigneur Dieu, nous te rendons grâce.

Répons   ALLÉLUIA! AMEN! (Z 116-2; LF n° 842; MNA 61.31
            p. 366)

— Pour ton immense amour, pour ta tendresse et ta miséricorde, pour ta patience envers nous, nous te rendons grâce.

— Pour les quatre saisons, pour les arbres qui chaque année donnent leurs fruits, pour le pain mis chaque jour sur notre table, Seigneur Dieu, nous te rendons grâce.

— Pour la Loi et pour l'Évangile, pour les dix commandements et pour l'enseignement des béatitudes, nous te rendons grâce.

— Pour ton Fils qui est venu jusqu'à nous, pour ton Fils qui nous apporte la lumière et la vie, pour ton Fils qui est devenu notre sauveur et notre espérance, Seigneur Dieu, maître du monde, nous te rendons grâce.

— Pour toutes tes promesses qui seront fidèlement tenues et pour le Royaume que tu as préparé pour ceux et celles qui sont tes enfants, Seigneur, nous te rendons grâce.

Après avoir reconnu ta sagesse et ton amour, nous voulons maintenant, Seigneur, te prier.

Répons   ÉCOUTE-NOUS, SEIGNEUR
            (Rituel du baptême, 1994, p. 185; MNA, 24.12, p. 124)

— Pour que vivent dans l'amour et dans la justice tous ceux et celles qui croient en Jésus, le Verbe de Dieu, nous te prions.

— Pour que soient conduits au baptême tous ceux qui désirent vivre dans la lumière, nous te prions.

— Pour que Jésus, le Verbe, soit partout annoncé et partout accueilli, nous te prions.

— Pour que la célébration de l'an 2000 oriente l'humanité vers le Christ, unique sauveur du monde, nous te prions.

Prions maintenant, comme Jésus nous a appris à le faire, en disant:

Notre Père...

Si cela convient, on reprend ensuite, après un moment de silence, le chant qui a servi pour l'ouverture de la célébration.

IV. Conclusion

12. Bénédiction

Que Dieu le Père, créateur du ciel et de la terre, porte sur vous son regard de bonté et qu'il vous bénisse. — Amen. (*Chanté autant que possible.*)

Que le Verbe de Dieu vienne à vous, qu'il vous apporte la lumière et la vérité. — Amen.

Que l'Esprit Saint soit en vous, qu'il vous garde dans la paix. — Amen.

Tous les ministres saluent l'autel, comme au début.
Pièce d'orgue durant la sortie.

Il est né de la Vierge Marie

Musique d'ambiance pendant l'arrivée des participants.
Si possible, on aura placé dans le chœur, ou on y apportera en procession, une image de la nativité.

I. Ouverture

1. Salutation et introduction au chant d'ouverture

Au nom du Père...
Que Jésus, Fils de Dieu et fils de Marie, soit toujours avec vous.
— Et avec votre esprit.

Jésus est le Verbe de Dieu, il est son Fils, il est son image. Nous en avons pris conscience lors de notre première rencontre.

Or, ce Verbe qui vivait en Dieu, hors du temps et hors de notre monde, est venu parmi nous. Événement unique, que jamais nous n'aurions pu imaginer. Il fallait être Dieu pour penser à une chose semblable.

Fixons notre regard sur l'image du Verbe de Dieu qui a pris chair parmi nous[1]. Réalisons ce que sa naissance représente pour nous... ce qu'elle représente pour l'humanité entière.

Moment de silence.

---

[1] S'il n'y a pas d'image: «Pensons au Verbe de Dieu qui a pris chair parmi nous. Représentons-nous sa naissance sur terre. Pensons à l'importance de cette naissance pour nous... et pour l'humanité entière.»

Si on a placé une image de la nativité dans le chœur, on peut projeter sur elle une lumière vive.

Soyons reconnaissants pour ce que Dieu a accompli en notre faveur. Acclamons le Christ qui s'est fait chair et est venu habiter parmi nous.

2. Chant

LE VERBE S'EST FAIT CHAIR (D 155; CN 1, p. 100; MNA 32.81, p. 194)
ou IL EST VENU MARCHER SUR NOS ROUTES (F 157-4; CN 3, p. 101; MNA 32.78, p. 192)
ou UN ENFANT NOUS EST NÉ (Tropaire) (MNA 32.43, p. 182)

3. Prière d'ouverture

Verbe de Dieu, fils de Marie,
en te remerciant d'être devenu l'un des nôtres,
nous te prions d'envoyer sur nous ton Esprit
pour que nous soit donnée
l'intelligence du mystère de ta venue dans le monde.
Ainsi nous pourrons mieux te connaître,
mieux t'aimer,
mieux te célébrer,
et mieux vivre à ta suite
en cheminant vers le Royaume où tu demeures dans la gloire,
auprès de ton Père,
pour les siècles des siècles. — Amen.

Geste qui invite à s'asseoir.

II. Première partie : l'annonce à Marie

4. Introduction à la lecture

Si nous n'étions pas des croyants et si nous ignorions tout des évangiles, nous pourrions nous demander comment Dieu a-t-il bien pu s'y prendre pour faire habiter son Verbe et son Fils au milieu de nous.

Nous connaissons cependant la réponse, puisque nous avons personnellement lu et avons souvent entendu lire la page de l'évangéliste saint Luc qui nous renseigne sur le rôle de Marie dans la naissance de Jésus.

Ce récit est pour nous ce que nous pouvons appeler un récit fondateur. Sur lui repose notre foi. Nous allons l'entendre une fois du plus. Écoutons-le les yeux fermés, attentifs à chacun des mots que nous allons entendre.

Arrivé à l'ambon, le lecteur gardera un moment de silence avant de commencer la lecture.

Si cela est possible, on diminuera l'intensité de la lumière dans l'église ou la chapelle.

5. Lecture

Luc 1, 26-38

Le sixième mois,
l'ange Gabriel fut envoyé par Dieu
dans une ville de Galilée, appelée Nazareth,
auprès d'une vierge déjà promise en mariage à Joseph,
un homme de la famille de David;
le nom de la vierge était Marie.

L'ange vint à elle et lui dit:
«Réjouis-toi, pleine de grâce,
le Seigneur est avec toi.»
Marie était toute troublée de ces paroles
et se demandait ce que voulait dire cette salutation.

Mais l'ange lui dit:
«Ne crains pas, Marie!
Tu as trouvé grâce auprès de Dieu.
Tu vas être enceinte et tu mettras au monde un fils
que tu appelleras du nom de Jésus.
Il sera grand, il sera appelé Fils du Très-Haut
et c'est à lui

que le Seigneur Dieu donnera le trône de David son père.
Il régnera pour toujours sur la maison de Jacob,
et son règne n'aura pas de fin.»

Marie dit à l'ange:
«Comment cela se fera-t-il
puisque je n'ai pas de relations avec un homme?»
Mais l'ange lui répondit:
«L'Esprit Saint viendra sur toi,
la puissance du Très-Haut te prendra sous son ombre.
C'est pourquoi le saint enfant qui naîtra de toi
sera appelé Fils de Dieu.
Sache que ta cousine Élisabeth a conçu elle aussi
un fils dans sa vieillesse;
elle en est à son sixième mois,
elle qu'on appelait "la stérile".
Car rien n'est impossible à Dieu!»

Marie dit alors:
«Je suis la servante du Seigneur,
qu'il m'arrive selon ta parole!»
Et l'ange se retira d'auprès d'elle.

6. Réflexions

a) *Une vierge* — Certains se demandent pourquoi Jésus n'est pas
né comme tous les autres enfants, c'est-à-dire d'une mère et
d'un père humains. C'eût été possible... puisque rien n'est
impossible à Dieu. Mais nous n'avons pas à imaginer tout ce
que Dieu aurait pu faire, il nous est plutôt demandé d'ouvrir
notre esprit et notre cœur à ce qu'il a fait.

Une vierge! Un bon choix pour faire comprendre tout ce
qu'avait de divin la naissance du Fils de Dieu parmi nous. Une
vierge! Un être neuf, un vase intact et pur pour accueillir toute
la nouveauté du mystère de l'Incarnation.

b) *Une œuvre de l'Esprit* — Des gens se demandent: «Pourquoi
avoir fait intervenir l'Esprit Saint plutôt que Joseph en vue de
la conception de Jésus dans le sein de Marie?» On peut répondre que l'intervention de l'Esprit a pour but de mettre en relief

le caractère absolument unique et exceptionnel de l'événement qui se prépare.

Celui qui naîtra vient de Dieu, il est Fils de Dieu. Il est «du ciel» et non seulement de la terre. Il sera Dieu parmi nous. Il établira une alliance définitive entre Dieu et l'humanité, entre la terre et le ciel.

La présence et l'action de l'Esprit en Marie manifestent la dimension divine du mystère de l'Incarnation.

c) *Le consentement* — Marie consent à l'action de l'Esprit en elle. Le texte ne dit pas qu'elle «comprit» ce qui lui arrivait; il affirme qu'elle consentit à ce qui lui avait été dit.

Son consentement est un acte de disponibilité. Disponibilité totale! Pas besoin de tout comprendre pour marcher sur les sentiers de Dieu, il suffit d'accueillir sa parole et de lui faire confiance. Dans l'Évangile, que de paroles sont difficiles à comprendre: «Aimez vos ennemis... Pardonnez jusqu'à soixante-dix fois sept fois... Si l'on vous frappe sur la joue droite, présentez la gauche...» Qui comprend?

Le plus important n'est pas de comprendre, mais d'avancer dans la foi.

Moment de réflexion silencieuse.
Pièce d'orgue.

7. Invocations

Prions maintenant ensemble. Adressons-nous à l'Esprit Saint. Sans lui, il nous est impossible d'entrer dans le mystère de Marie et dans le mystère de l'incarnation de son fils; il nous est également impossible d'en vivre. Avec lui, cependant, tout devient possible. Prions l'Esprit Saint; prions-le de tout notre cœur.

Invocation   ESPRIT DU SEIGNEUR, VIENS EN NOUS
(Y 27; Refrains pour la supplication, n°s 38 et 39)
ou VIENS, ESPRIT DE DIEU! VIENS, ESPRIT DE DIEU
(MNA 36.22, p. 276)

— Pour que notre foi soit forte et pure...
— Pour qu'elle soit ardente et joyeuse...
— Pour qu'elle traverse les nuits de doute et de peur...
— Pour que notre foi soit sereine et rayonnante...
— Pour qu'elle reste jeune et radieuse...
— Pour qu'elle nous rende toujours plus disponibles à l'action de Dieu en nous...
— Pour que notre foi grandisse la nuit comme le jour...
— Pour qu'elle nous rende généreux et bons...
— Pour qu'elle nous unisse profondément au Christ et à son Père...

Moment de réflexion silencieuse.

III. Deuxième partie: la naissance

8. Introduction à la lecture

Après nous avoir raconté comment Marie a appris qu'elle serait la mère de Jésus, saint Luc présente le récit de la naissance de Jésus à Bethléem. Ce récit nous est familier puisqu'il est proclamé chaque année, durant la nuit de Noël. Efforçons-nous néanmoins de l'écouter d'une oreille attentive... avec un cœur disponible comme l'était celui de Marie quand elle a dit: «Je suis la servante du Seigneur.»

9. Lecture

LUC 2, 1-7

En ces jours-là,
un édit de César Auguste ordonna de recenser toute la terre.
Ce fut le premier recensement,
alors que Quirinius était gouverneur de la Syrie.
Tous commencèrent à se déplacer,
chacun vers sa propre ville, pour y être recensés.

Joseph aussi,
qui était en Galilée dans la ville de Nazareth,

monta en Judée jusqu'à la ville de David
dont le nom est Bethléem,
car il était de la descendance de David.
Il alla se faire recenser avec Marie, son épouse,
qui était enceinte.

Or, pendant qu'ils étaient là,
le jour où elle devait accoucher arriva.
Elle enfanta son fils, le premier-né;
elle l'emmaillota et l'installa dans une mangeoire,
car il n'y avait pas de place pour eux dans la salle commune.

10. Réflexions

a) Le Fils de Dieu pénètre dans notre monde de façon discrète, sans bruit, très simplement. Pas d'estafettes, pas de tambours pour annoncer sa venue, pas de représentants civils pour l'accueillir.

Le mystère se continue. Le fils de Marie aime prendre corps en nous, dans le silence, au cœur du quotidien. Pas besoin d'aller au loin pour le découvrir, pas nécessaire de quitter son travail pour lui ouvrir son cœur, pas besoin de venir à l'église pour le laisser entrer chez soi.

Si nous ne savons pas rencontrer le Fils de Dieu là où nous sommes, au milieu des gens que nous fréquentons, au cœur de nos activités, il est possible que nous ayons bien du mal à le rencontrer ailleurs.

b) Il devait y avoir deux salles là où Joseph et Marie se sont arrêtés. La première où les gens habitaient, la seconde où on gardait les animaux. La première était déjà bondée; Jésus et Marie s'installèrent donc dans la seconde.

Nous voyons dans ce fait, un signe. Le signe qu'en venant chez nous, le Fils de Dieu n'a réclamé aucun privilège. Au contraire, comme le dira saint Paul, «lui qui jouissait de la nature divine, il n'a pas cherché à défendre son égalité avec Dieu, mais il s'est vidé de lui-même; il a pris une nature d'esclave, il a été tout comme les humains. Et quand il s'est trouvé dans cette condition humaine, il s'est rabaissé lui-même, il s'est fait obéissant jusqu'à la mort, la mort de la croix.» (Ph 2, 6-8)

Saint Paul continue en écrivant: «C'est pourquoi Dieu l'a élevé et lui a donné le Nom qui passe tout autre nom...» (2, 9)

Des phrases de Jésus nous viennent à l'esprit: «Celui qui s'élève sera abaissé, et celui qui s'abaisse sera élevé.» (Lc 14, 11) «Beaucoup qui sont parmi les premiers seront derniers, et d'autres qui sont derniers seront premiers.» (Mt 19, 30) Et cette phrase, en saint Marc, qui est comme un tison de feu planté dans notre chair: «Si quelqu'un veut être le premier, qu'il soit le dernier de tous, qu'il soit le serviteur de tous.» (9, 35)

Voilà ce que Jésus a fait. Voilà le chemin tracé pour marcher à sa suite et aller vers le Père. Pas d'autre chemin que celui-là. Le récit de la naissance de Jésus nous montre la route à prendre pour l'accueillir, lui le Sauveur, et pour vivre comme lui. Où en sommes-nous dans notre marche à la suite du Christ?

Moment de réflexion silencieuse.

11. Lecture

LUC 2, 8-13

Il y avait dans la région
des bergers qui restaient aux champs
et se relayaient pour garder leurs troupeaux durant la nuit.
Un ange du Seigneur se trouva soudain devant eux,
en même temps que la Gloire du Seigneur resplendissait
tout autour.
Ils furent saisis d'une grande crainte.

L'ange leur dit:
«Ne craignez pas,
c'est une bonne nouvelle que je vous apporte,
et qui fera la joie de tout le peuple.
Aujourd'hui, dans la ville de David,
vous est né un Sauveur.
C'est le Messie, le Seigneur.
Et voici son signalement:

vous trouverez un nourrisson emmailloté et déposé dans une mangeoire.»

Tout à coup se joignit à l'ange
une multitude d'esprits célestes qui louaient Dieu en
di-sant:
«Gloire à Dieu dans les cieux,
et sur la terre paix aux hommes,
car il les prend en grâce.»

12. Réflexions

a) La première révélation que Dieu fait de la naissance de son Fils sur terre s'adresse aux humbles et aux pauvres. Il en est toujours ainsi. Il est toujours «plus facile pour un chameau de passer par le trou d'une aiguille que pour un riche d'entrer dans le Royaume de Dieu» (Lc 18, 24).

«Heureux, vous les pauvres, parce que le Royaume de Dieu est à vous!» (Lc 6, 20) Luc parle de pauvreté matérielle. Matthieu spiritualise le texte de Luc en écrivant: «Heureux ceux qui ont un cœur de pauvre, le Royaume des cieux est à eux.» (5, 3)

D'une manière ou d'une autre, il faut tendre à la pauvreté, sinon on risque de passer à côté du Christ et de s'éloigner de son Royaume.

C'est risqué de penser qu'on peut constamment chercher à s'enrichir et se façonner un cœur de pauvre.

b) Après avoir accueilli le message de l'ange, les bergers éclatent de joie. Ils louent et rendent grâce.

Après avoir visité sa cousine Élisabeth et avoir pris conscience que tout ce que lui a dit l'ange Gabriel est en voie de se réaliser, Marie aussi a une réaction de louange et d'action de grâce: «Mon âme exalte le Seigneur, mon esprit tressaille de joie en Dieu mon Sauveur!» (Lc 1, 46-47)

Pour la naissance de Jésus, il y a 2000 ans; pour sa présence dans le monde et dans l'Église jusqu'à la fin des temps; pour sa présence en nous... avec Marie, chantons le Magnificat.

Invitation à se lever.

Introduction musicale.
Pendant ce temps, éclairer l'église et, si possible, inviter des gens à venir tenir des cierges allumés près de l'image de la nativité.

13. Chant

MAGNIFICAT
(LF , n° 643; MNA 10.14, p. 100)
MAGNIFICAT! MAGNIFICAT! (*Éd. Pontbriand* ou BP 102V; T. et M.: R. Lebel)

V. Conclusion

14. Envoi

Allons dans la paix et dans la joie du Christ.
Allons témoigner, par notre vie, que le Christ est vivant.
Allons dire à nos frères, à nos sœurs qu'un chemin est ouvert vers la paix et la joie.
Allons dire que l'amour est possible.
Allons partout où Dieu nous envoie, tenant haut le flambeau de l'espérance.
Que Dieu Tout-Puissant vous garde dans sa tendresse et qu'il vous bénisse: le Père, le Fils et le Saint-Esprit. — Amen.

Improvisation à l'orgue sur le thème du Magnificat.
Sortie en portant les lumières et l'image de la nativité.

Il a passé en faisant le bien

I. Ouverture

1. Salutation et introduction au chant d'ouverture

Au nom du Père...

En vous accueillant pour le temps de prière que nous allons vivre ensemble, je me rappelle la promesse que le Christ a faite d'être présent au milieu de ceux qui se rassemblent en son nom, et je vous dis:

Que Jésus, le Ressuscité, soit avec vous. — Et avec votre esprit.

Nous sommes ensemble pour célébrer le Christ, pour mieux le connaître et pour le prier. Pour nous, il représente beaucoup. Nous reconnaissons en lui un être extrêmement bon, un modèle de vie, un sage. Plus encore, nous affirmons qu'il est le Verbe de Dieu, le Fils même de Dieu et qu'il a pris chair parmi nous. Nous professons aussi qu'il est le Messie, le Sauveur du monde, le chemin, la vérité et la vie.

Au début de notre célébration, accueillons le cierge pascal, symbole de la victoire de la vie sur la mort, et acclamons le Seigneur Jésus Christ.

2. Chant

NOUS T'ACCLAMONS, JÉSUS CHRIST
(12 Rassemblement — ALPEC)

Pendant le chant, un servant apporte le cierge pascal qu'il dépose sur le trépied placé au milieu de l'assemblée.

3. Prière d'ouverture

Sois auprès de nous, Seigneur Jésus,
et mets en nous ton Esprit
qui ouvre les cœurs
à l'intelligence de ton enseignement.
Pour que nous soyons des disciples que tu aimes
et avec qui tu te plais à annoncer l'Évangile,
communique-nous ton amour,
rapproche-nous de toi,
donne-nous ta vie,
fais-nous participer à ta pâque
et garde-nous dans l'espérance.
Ainsi nous pourrons marcher à ta suite
en rendant grâce au Dieu Très-Haut
qui vit pour les siècles des siècles. — Amen.

II. Première partie : il a fait le bien

4. Introduction aux lectures

Le Christ ne vit pas loin de nous, il vit même tout près de nous. Nos yeux de chair ne le voient pas, mais les yeux de notre foi discernent sa présence. Il n'a jamais fini de nous surprendre et de nous envahir. Il est souvent là où nous ne pensons pas le trouver.

Le cierge pascal est signe de sa présence. L'autel nous dit aussi qu'il vit, non seulement au cœur de l'église faite de pierres, mais aussi — et plus encore — au cœur de l'Église que nous formons ensemble.

Le Christ est une personne que nous n'avons jamais fini de découvrir. Pour nous aider à le connaître, nous avons les Écritures, particulièrement les pages du Nouveau Testament qui nous parlent constamment de lui.

Nous allons, ce soir, nous appliquer à nous rappeler ce qu'a accompli le Christ lorsqu'il est venu vivre sur terre. Écoutons d'abord un passage des Actes des Apôtres qui résume assez bien ce que le Christ a fait. Ce passage est un extrait d'un discours que l'apôtre Pierre a prononcé chez Corneille, ce centurion romain qui s'était converti au christianisme.

Geste qui invite à s'asseoir.

5. Lecture

ACTES 10, 38-43

Le lecteur pourrait proclamer ce texte en se tenant près du cierge pascal.

Jésus de Nazareth a reçu de Dieu sa consécration,
œuvre de l'Esprit Saint et de la puissance divine.
Et, comme Dieu était avec lui,
il est passé faisant le bien,
guérissant tous ceux qui étaient opprimés par le diable.
Nous autres, nous sommes témoins de tout ce qu'il a fait
dans la province des Juifs et à Jérusalem.
Ensuite ils l'ont éliminé;
ils l'ont fait suspendre au bois des suppliciés.
Mais au troisième jour
Dieu l'a ressuscité d'entre les morts
et lui a donné de se manifester,
non pas à tout le peuple,
mais aux témoins que Dieu avait désignés d'avance,
c'est-à-dire à nous qui avons mangé et bu avec lui
après sa résurrection d'entre les morts.
Aussi nous a-t-il chargés de prêcher au peuple,
et de dire avec certitude
que Dieu l'a choisi pour juge des vivants et des morts.
Tous les prophètes lui rendent ce témoignage:
quiconque croit en lui reçoit, grâce à son Nom,
le pardon de ses péchés.

6. Réflexions

a) Pierre affirme que le Christ est passé parmi nous en faisant le bien. En réalité, il n'a fait que cela. Par ses paroles, par ses actes, il semait le bien. Partout! En toute circonstance! Il semait le bien dans la bonne terre... dans la rocaille... dans les broussailles... et même sur les chemins pierreux.

b) Les évangiles nous rapportent ce que le Christ a fait de bien, mais ils sont loin de tout dire. Saint Jean le précise à la fin de son évangile : Je suis témoin, écrit-il, de ce que Jésus a fait et tout ce que j'ai écrit est véridique. Puis il ajoute : «Jésus a encore fait bien d'autres choses, mais si on voulait les écrire une par une, je ne crois pas que le monde entier contiendrait les livres rédigés.»

Il exagère un peu, saint Jean ! Mais on comprend son intention. Impossible, dans une trentaine ou une quarantaine de pages, de raconter tout ce que le Christ a réalisé. Seul l'essentiel peut être dit. Mais cet essentiel suffit pour cerner le personnage et le connaître.

c) Rappelons-nous quelques-uns de ces gestes que Jésus a accompli et que les évangiles nous ont rapportés.

Le président invitera les membres de l'assemblée à nommer eux-mêmes des gestes par lesquels Jésus a guéri et sauvé. Il pourra lui-même faire mémoire de quelques-uns de ces gestes si l'assemblée a de la difficulté à démarrer. Si l'assemblée n'est pas en mesure d'intervenir, le président se chargera entièrement de la tâche.

Événements à évoquer (par exemple selon Luc) :
Guérison d'un lépreux (5, 12ss), d'un paralytique (5, 17ss),
guérison du serviteur d'un officier (7, 2ss),
résurrection du fils de la veuve de Naïm (5, 11ss),
libération d'un démoniaque (8, 26ss),
résurrection de la fille de Jaïre (8, 40ss),
guérison d'un jeune épileptique (9, 37ss),
repas chez Zachée (19, 1ss)...

7. *Introduction au chant*

Nous pourrions continuer à nommer des gestes de bonté accomplis par Jésus. Tous sont des signes qui authentifient son message. Tous évoquent, d'une manière ou d'une autre, la venue du Royaume de Dieu sur terre. Quand Jésus arrive au milieu de nous, les temps nouveaux annoncés dans l'Ancien Testament sont inaugurés. Le salut commence à se réaliser. En guérissant, en libérant du mal, en ouvrant des espaces de vie pour les malheureux et les blessés de la vie qu'il rencontre, Jésus donne des signes de la présence du Royaume. Ces signes sont innombrables. Reconnaissons-le en chantant *Signes par milliers* (ou *Sur la trace de tes pas*).

Geste qui invite à se lever.

8. Chant

SIGNES PAR MILLIERS (K 226 SM ; CN t. 6, p. 165);
strophes 1, 3, 4
ou SUR LA TRACE DE TES PAS (ULH 75; MNA 45.18, p. 304)

9. Invitation à la réflexion personnelle

Durant quelques minutes de silence, pensons au bien que Jésus nous a fait... pensons aux gestes de bienveillance qu'il a posés pour nous depuis un mois... depuis un an... depuis plus longtemps encore... depuis notre naissance!

III. Deuxième partie: des signes plus grands encore

10. Introduction aux lectures

Le Christ a accompli des signes, il en accomplit encore et il nous invite à en accomplir nous aussi, à sa suite et en son nom. Quelques passages du Nouveau Testament l'attestent.

11. Lectures

MATTHIEU 10, 1.5-7

Jésus appela ses douze disciples;
il leur donna autorité sur les esprits impurs

pour les jeter dehors,
et pour guérir n'importe quel mal ou maladie.

Ces Douze, Jésus les envoya en mission.
Il leur dit :
«N'allez pas vers les païens,
n'entrez pas dans une ville de Samaritains;
mais allez plutôt vers les brebis perdues du peuple d'Israël.
Partout où vous passerez, vous ferez cette annonce :
"Le Royaume des Cieux est là, tout proche!"
Guérissez les malades, réveillez les morts,
purifiez les lépreux, chassez les démons.
Vous avez reçu gratuitement, vous donnerez
gratuitement.»

Moment de silence.

MATTHIEU 17, 20

En vérité je vous le dis,
si vous aviez la foi gros comme une graine de moutarde,
vous diriez à cette montagne : Bouge d'ici et va là-bas!
et elle se déplacerait.
Rien ne vous serait impossible.

Moment de silence.

JEAN 14, 12-15

En vérité, en vérité, je vous le dis :
si quelqu'un croit en moi,
il fera lui aussi les œuvres que je fais,
et comme je retourne vers le Père,
il en fera de plus grandes encore.
Tout ce que vous demanderez en mon Nom,
je le ferai, pour que le Père soit glorifié à travers le Fils.
Et si vous me demandez quelque chose en mon nom,
je le ferai.

Moment de silence.

12. *Réflexions*

a) Quand nous entendons le Christ dire que ses disciples accompliront des œuvres «plus grandes encore» que les siennes, il ne faut pas d'abord penser aux miracles : guérison, retour à la vie... Il faut plutôt penser à la croissance du Royaume et à la progression de l'annonce de l'Évangile. Jésus a lancé l'opération. Son Église la poursuit. Malgré les apparences, le Royaume continue à s'implanter et il grandit «on ne sait comment» (Mc 4, 27). En ce sens, ce que les disciples accomplissent est plus grand que ce que le Christ a fait.

b) Ce que nous appelions autrefois les «œuvres de miséricorde» ne sont pas des réalités secondaires dans la vie de l'Église et dans celle de chacun des disciples du Christ. S'évader dans la prière et dans le spirituel en écartant le souci du prochain, ce n'est pas chrétien. La mission confiée à l'Église, de même que celle qui revient à tout baptisé, implique à la fois l'annonce de la Bonne Nouvelle et la libération apportée aux pauvres, aux malades... Le disciple ne peut se contenter de parler; il doit aussi agir. Il en est de même pour l'Église. La bonne parole ne suffit pas, les mots d'encouragement ne suffisent pas; il faut aussi le geste qui confirme et concrétise la parole.

c) Les capacités humaines, les talents de chacun des disciples ne sont jamais à dédaigner, mais ils ne suffisent pas pour assurer la croissance du Royaume. Ils sont en réalité peu de choses s'ils ne sont pas animés par la foi. C'est la foi qui déplace les montagnes et non pas la force des bras, ou l'acuité des intelligences. Et, paradoxe! Dieu se plaît à se servir de ce qui est petit, fragile, pauvre, vil et méprisable, pour accomplir ses plus grandes œuvres.

Rappelons-nous les mots de Paul, dans sa première épître aux Corinthiens : «Dieu a choisi ce que le monde considère comme ridicule pour ridiculiser les sages, et il a pris ce qui est faible en ce monde pour humilier les forts. Dieu a choisi ce qui est commun et méprisé en ce monde, ce qui ne compte pas, pour réduire à rien tout ce qui compte. Et ainsi, nul mortel ne pourra se vanter devant Dieu.» (1, 27-29)

Moment de réflexion personnelle.

13. Intercession

Prions maintenant ensemble. Invoquons l'Esprit Saint afin qu'il vienne réaliser en nous la mission qui lui est confiée.

Répons   SOUFFLE DE VIE, FORCE DE DIEU, VIENS, ESPRIT DE SAINTETÉ!
(K 31; CN 1, p. 217; MNA 36.55, p. 283)
ou VIENS, ESPRIT DE DIEU ! VIENS, ESPRIT DE DIEU !
(K 109 bis; MNA 36.22, p. 276)

— Pour que grandisse la foi de tous les disciples du Christ, prions l'Esprit Saint.

— Pour que personne parmi nous ne doute que Dieu compte sur lui pour accomplir de grandes choses, prions ensemble.

— Pour que les disciples du Christ accueillent en eux la force de Dieu, prions avec ferveur.

— Pour que l'Esprit nous ouvre à sa sagesse et à sa douceur, pour qu'il nous rende audacieux et tenaces dans le service de Dieu et de l'Église, prions ensemble.

— Pour que les disciples du Christ demeurent fermes dans la foi aux heures de persécution, pour qu'ils ne rougissent pas de leur maître quand ils sont ridiculisés, prions l'Esprit Saint.

— Pour que l'Esprit Saint nous rende humbles et disponibles, joyeux et serviables; pour qu'il nous aide à croire à l'avenir de l'Église chez nous et partout dans le monde, prions avec confiance.

— Pour que nous soit donnée la grâce de reconnaître l'importance du travail des petits et des faibles dans l'annonce de l'Évangile, prions ensemble.

Le président peut proposer aux membres de l'assemblée d'ajouter des intentions.
Il annonce ensuite un temps de prière plus personnelle.

14. Introduction au chant

Le président invite les membres de l'assemblée à fixer leur regard sur le cierge pascal. Puis il introduit le chant.

C'est dans la force du Christ et dans celle de son Esprit que nous travaillons, par nos paroles et par toute notre vie, à l'annonce de l'Évangile et à la croissance du Royaume de Dieu au milieu de nous. Nous n'avons pas d'abord été choisis pour ce travail en raison de nos talents personnels, mais par bienveillance divine. « C'est moi qui vous ai choisis. » (Jn 15,16) Soyons-en heureux; et soyons heureux de collaborer, par notre témoignage, à l'œuvre de salut que le Christ a inaugurée.

Pour que le monde croie, Jésus a donné de nombreux signes de l'implantation du Royaume de son Père sur terre. À nous, animés et soutenus par son Esprit, de poursuivre son œuvre de salut. Elle se réalisera si nous nous dépensons avec lui et en lui. Il est le maître; il a l'initiative; il conduit la barque. Nous sommes à son service.

Qu'il nous soit donné d'être à la hauteur de ce que le Christ et Dieu son Père attendent de nous. Chantons de nouveau *Signes par milliers* (ou *Sur la trace de tes pas*).

15. Chant

SIGNES PAR MILLIERS, strophes 1, 3, 6, 7
ou SUR LA TRACE DE TES PAS

V. Conclusion

16. Bénédiction

En étendant les mains ou la main sur l'assemblée, durant la bénédiction trinitaire.

Que l'Esprit des origines et l'Esprit de la Pentecôte vous couvre de son ombre et qu'il fasse de votre vie un chant à la gloire de Dieu.

Que le Verbe de Dieu, le Christ Jésus, sauveur du monde, vous donne un cœur semblable au sien et qu'il vous rende ardents à faire le bien en toute circonstance.

Que Dieu le Père vous protège et vous garde dans sa paix. Allez... Allez vivre profondément de l'Évangile. Par votre vie, allez dire à ceux qui vous entourent qu'ils sont aimés de Dieu. Allez semer l'amour et le pardon, la joie et la réconciliation.

Que le Dieu Tout-Puissant soit avec vous, le Père, le Fils et le Saint-Esprit. — Amen.

Pièce d'orgue durant la sortie.

Un ministre vient reprendre le cierge pascal. Le président et les autres ministres marchent à sa suite.

Nul n'a parlé comme lui

I. Ouverture

1. Signe de la croix

Nous sommes réunis au nom de Jésus. Nous sommes ses disciples. Nous portons le nom de chrétiens. Soyons conscients de tout ce que cela représente en traçant sur nous le signe de la croix.

Au nom du Père...

2. Salutation et introduction à l'acclamation d'ouverture

Le Christ a été un homme d'action. Le livre des Actes des Apôtres le dit clairement: «Dieu était avec lui, il est passé faisant le bien, guérissant tous ceux qui étaient opprimés par le diable.» (Ac 10, 38)

Homme d'action, le Christ était aussi un homme de parole. Il a beaucoup parlé. Il a bien parlé. Il a parlé avec force. Sa parole était parole de vérité. Elle était parole de Dieu. Dans l'épître aux Hébreux, il est écrit qu'après avoir jadis parlé par les prophètes, Dieu a parlé par son Fils (He 1, 1-2).

Dans son évangile, saint Jean raconte un événement intéressant. Alors que Jésus créait des tensions chez ceux qui l'écoutaient, les chefs des prêtres et les pharisiens envoyèrent des gardes pour l'arrêter. Ceux-ci revinrent sans avoir accompli leur travail. Les chefs des prêtres et les pharisiens leur demandèrent: «Pourquoi ne l'avez-vous pas arrêté?» Ils répondirent: «Jamais un homme n'a parlé ainsi.» (Jn 7, 46)

Les paroles de Jésus, qui ont retenti sur notre terre, ont été précieusement recueillies et conservées dans les évangiles par ceux qui ont cru en lui. Il en est de même des paroles divines contenues dans les livres de l'Ancien Testament. Dieu a parlé. Son Fils a parlé. Grâce aux livres saints, leur parole peut de nouveau retentir à nos oreilles. Au début de notre célébration accueillons le Livre de la Parole.

Durant l'acclamation qui suit, une personne apporte solennellement le lectionnaire ou l'évangéliaire. Elle est accompagnée d'autres personnes qui portent des cierges allumés. En arrivant dans le chœur, toutes se placent devant l'autel. Le livre est alors levé haut durant quelques instants, puis il est placé à l'ambon. Si possible, les cierges sont placés près de l'ambon.

3. Acclamation

Refrain   TA PAROLE, SEIGNEUR, EST VÉRITÉ,
ET TA LOI, DÉLIVRANCE!
(4 Refrains bibliques — ALPEC; MNA, p. 11)

Versets à proclamer

Ta Parole, Seigneur, est parfaite;
elle donne la vie et elle fait renaître.
Elle est lumière et elle est chaleur. — Ta Parole...

Ta Parole, Seigneur, est pure comme l'eau d'un ruisseau
et puissante comme l'eau de la mer et du fleuve.
Elle réjouit le cœur et elle conserve la vie.

Ta Parole, Seigneur, est droite et elle est vraie;
elle est douce comme le miel et riche comme le pain.
Elle est notre forteresse et notre rempart.

II. Première partie: une parole qui révèle

Invitation à s'asseoir.

4. *Introduction aux extraits évangéliques*

Durant sa vie publique, le Christ a souvent pris la parole. Il l'a fait de diverses manières et sur tous les tons. Il a parlé avec douceur, il a parlé avec force. Certaines de ses paroles étaient adressées à ses disciples, d'autres aux foules qui venaient l'entendre. Parfois il parlait très clairement, d'autres fois il s'exprimait en paraboles. Nous n'en aurons jamais fini de scruter ses paroles. Elles sont comme une source où l'on puisera toujours, sans que jamais elle ne tarisse.

Souvent, Jésus a parlé pour nous renseigner sur l'existence de son Père, sur l'existence de l'Esprit Saint ou sur sa propre personne. Heureusement qu'il l'a fait. Autrement, que connaîtrions-nous au sujet de Dieu qui est notre Père, de Jésus qui est notre sauveur et de l'Esprit Saint qui est le souffle de Dieu?

Écoutons quelques paroles de Jésus concernant son Père, concernant l'Esprit Saint et le concernant lui-même.

5. *Extraits des évangiles*

a) *Le Père*

Le Père et moi, nous sommes un. (Jn 10, 30)

Celui qui m'a vu a vu le Père... je suis dans le Père, et le Père est en moi. (Jn 14, 9-10)

Mon Père est encore au travail, alors moi aussi je travaille. (Jn 5, 17)

Personne ne peut venir à moi si le Père qui m'a envoyé ne l'attire. (Jn 6, 44)

Le Père vous donnera tout ce que vous demanderez en mon nom. (Jn 15, 16)

C'est mon Père qui vous donne le vrai pain descendu du ciel. (Jn 6, 32)

Celui qui m'aime sera aimé de mon Père. Moi aussi je l'aimerai et je me manifesterai à lui. (Jn 14, 21)

Moment de réflexion personnelle. Si cela convient, le président invite les participants à évoquer d'autres paroles du Christ concernant son Père.

b) *L'Esprit Saint*

Je demanderai au Père de vous donner un Protecteur qui sera pour toujours avec vous. C'est l'Esprit de Vérité que le monde ne peut recevoir, car il ne le voit pas et ne le connaît pas. Mais vous, vous le connaissez, puisqu'il est avec vous et demeure en vous. (Jn 14, 16-17)

Le Protecteur, l'Esprit Saint que le Père vous enverra grâce à mon Nom, se chargera de vous enseigner toutes choses : il vous rappellera tout ce que je vous ai dit. (Jn 14, 26)

Quand il viendra, lui, l'Esprit de Vérité, il vous conduira sur le chemin de toute vérité. Il n'a rien à dire de lui-même, mais il dira ce qu'il aura entendu et vous annoncera les choses à venir. Il vous annoncera ce qu'il aura reçu de moi, et grâce à lui je serai glorifié. (Jn 16, 13-14)

Moment de réflexion personnelle. Si cela convient, le président invite les participants à évoquer d'autres paroles du Christ concernant l'Esprit Saint.

c) *Le Christ*

En vérité, en vérité, je vous le dis : je suis la porte des brebis... Celui qui entrera par moi sera sauvé. (Jn 10, 7.9)

Je suis le bon berger. Le bon berger donne sa vie pour ses brebis... Je connais mes brebis comme elles me connaissent... Et je donne ma vie pour les brebis. (Jn 10, 11.15)

Je suis la vraie vigne et mon Père est le vigneron... Je suis la vigne et vous êtes les branches. Sans moi vous ne pouvez rien faire, mais celui qui demeure en moi et moi en lui, porte beaucoup de fruits. (Jn 15, 1.5)

Je suis le chemin, la vérité et la vie. Personne ne peut aller au Père sans passer par moi. (Jn 14, 6)

C'est moi qui suis la résurrection et la vie. Celui qui croit en moi, même s'il vient à mourir, vivra. (Jn 11, 25)

Le Grand Prêtre interroge Jésus et lui dit: «Es-tu le Messie, le Fils du Béni?» Jésus répond: «Je le suis.» (Mc 14, 61-62)

Pilate dit à Jésus: «Donc, tout de même, tu es roi?» Jésus répond: «Tu dis bien: je suis roi. Je rends témoignage à la vérité, c'est pour cela que je suis né et que je suis venu dans le monde. Tous ceux qui sont pour la vérité écoutent ma voix.» (Jn 18, 37)

Moment de réflexion personnelle. Le président peut inviter les participants à évoquer d'autres paroles où le Christ a parlé de lui.

III. Deuxième partie: une parole qui entraîne

6. Introduction aux extraits évangéliques

Quand Jésus parlait, c'était donc pour nous révéler qui était son Père, qui était l'Esprit, qui il était lui-même. Ces révélations nous sont précieuses. Elles nous permettent de lever un peu le voile sur le mystère intime de Dieu et elles nous invitent à communier à la vie du Père, du Fils et de l'Esprit. Dieu nous a renseignés sur lui pour faire alliance avec lui.

L'alliance est un contrat qui implique deux parties qui s'engagent l'une envers l'autre. En nous proposant son alliance, Dieu y joint des promesses de bonheur pour ceux qui y seront fidèles. En étant fidèles aux clauses de l'alliance, en mettant en pratique l'enseignement du Christ, nous nous disposons à accueillir ses dons. La mise en pratique de la Parole nous transforme et nous rend saints, c'est-à-dire agréables à Dieu. Écoutons quelques paroles que Jésus a adressées à ceux qui étaient désireux de marcher à sa suite pour vivre de sa vie.

7. Extraits des évangiles

Jésus dit à ses disciples: «Si quelqu'un veut marcher derrière moi, qu'il renonce à lui-même, qu'il prenne sa croix et qu'il me suive. Celui qui veut sauver sa vie la perdra, mais s'il la perd pour moi, il la gagnera.» (Mt 16, 24)

Celui qui ne prend pas sa croix pour marcher derrière moi n'est pas digne de moi. Celui qui vit sa vie pour soi la perdra, et celui qui la sacrifie pour moi l'aura finalement pour lui. (Mt 10, 38)

Si tu veux être parfait, va, vends tout ce que tu as et donne-le aux pauvres pour avoir un trésor dans le ciel. Ensuite reviens et suis-moi. (Mt 19, 21)

Suis-moi, et laisse les morts enterrer leurs morts. (Mt 8, 22)

En vérité je vous le dis à vous qui m'avez suivi : lorsque viendra le monde nouveau et que le Fils de l'Homme siégera sur son trône dans la gloire, vous aussi vous siégerez sur douze trônes pour gouverner les douze tribus d'Israël. (Mt 19, 27-29)

Moment de réflexion personnelle.

8. Introduction au chant

Plusieurs des paroles de Jésus sont difficiles à entendre. Elles sont rudes. Elles exigent beaucoup de nous. Mais nous savons qu'elles sont des paroles de vie. Elles sont chemin de vie. Elles sont source de vie.

La porte qui conduit au Royaume est étroite, Jésus l'a dit, mais c'est la seule.

La plénitude du Royaume dont parle Jésus est pour demain. Le paradis n'existe pas sur terre. Mais il y a des liens — et des liens étroits! — entre le ciel et la terre. La joie, la paix, promises par celui qui nous a invités à prendre sa croix, sont des réalités que nous pouvons posséder dès maintenant. Jésus l'a dit de manière explicite en proclamant les béatitudes : «Heureux ceux qui ont un cœur de pauvre, le Royaume des cieux est à eux.» (Mt 5, 3) Est à eux! Déjà... maintenant! «Heureux ceux qui sont persécutés quand ils agissent en toute droiture, le Royaume des cieux est à eux.» (Mt 5, 10) Est à eux! C'est bien ce qui est écrit. La paix, la joie, le bonheur sont donnés dès maintenant.

Proclamons notre foi à l'enseignement du Christ, en chantant les Béatitudes.

Invitation à se lever.

9. Chant

LES BÉATITUDES
(H 25; LF n° 599, p. 235; MNA 10.23, p. 104)

Durant le chant, une personne peut prendre le Livre et venir l'élever, face à l'assemblée.

Invitation à s'asseoir.

IV. Troisième partie: une parole qui agit

10. Introduction aux extraits évangéliques

Les paroles du Christ sont d'une extrême richesse. Nous venons de voir qu'elles nous parlent de Dieu qui est Père, qui est Fils et qui est Esprit vivifiant. Et nous avons dit qu'elles révèlent les chemins à prendre pour marcher vers le Royaume et pour posséder dès maintenant, comme dans des vases fragiles, les biens dont nous jouirons pleinement à la fin des temps.

Faisons un pas de plus dans la connaissance des paroles du Christ. Prenons conscience que souvent, lorsqu'il prend la parole, Jésus accomplit immédiatement ce qu'il dit. Sa parole n'est pas du vent. Elle ne contient pas que de belles et bonnes idées, de belles et bonnes révélations. Elle est une force. Elle est dynamique. Elle accomplit ce qu'elle dit.

Rappelons-nous quelques textes du Nouveau Testament à ce sujet.

11. Extraits des évangiles

S'approche un lépreux, il se prosterne devant lui en disant: «Seigneur, si tu veux, tu peux me purifier.» Jésus étend la main et le touche en disant: «Eh bien, je le veux, sois purifié!» Et aussitôt il est pur: plus de lèpre. (Mt 8, 2-3)

(Un officier vint demander à Jésus de guérir son fils.) Jésus dit à l'officier: «Va, et que tout se fasse pour toi comme tu as cru.» À l'instant même l'enfant fut guéri. (Mt 8, 13)

Jésus monta dans une barque et ses disciples le suivirent. La mer devint de plus en plus agitée, si bien que des vagues passaient par-dessus la barque, et lui dormait. Les disciples s'approchent donc et le réveillent en lui disant: «Seigneur, sauve-nous, nous sommes perdus!» [...] Jésus se lève, il rappelle à l'ordre les vents et la mer, et c'est le grand calme. (Mt 8, 23-26)

Lazare, un ami de Jésus, venait de mourir. Depuis trois jours, son corps était au tombeau. Jésus vient voir ses sœurs. Puis il se rend au tombeau. Là, il rend grâce à son Père, puis il appelle d'une voix forte: «Lazare, dehors, viens ici!» Et voilà que sort celui qui était mort. (Jn 11, 43-44)

12. Réflexions

a) De soi, la Parole de Jésus, comme celle de Dieu, est toute-puissante. On peut la comparer à la Parole que Dieu a prononcée au début du monde: Que la lumière soit; et la lumière fut! Qu'il y ait le ciel et la terre; il y eut le ciel et la terre. Qu'il y ait des lumières dans le ciel et des poissons dans les mers... Et il en fut ainsi.

Quand un prêtre prononce les paroles de Jésus durant la messe — «Ceci est mon corps... Ceci est mon sang...» —, ce qui est dit arrive. Le pain devient corps du Christ, le vin devient son sang.

b) Toutes les paroles du Christ n'ont pas une efficacité absolue. Très souvent, l'efficacité de ses paroles dépend de l'accueil que nous leur réservons. «Viens et suis-moi!» Nous pouvons suivre ou ne pas suivre. «Vends tout ce que tu possèdes et donne-le aux pauvres.» Nous sommes libres de vendre ou de ne pas vendre. «Prends ta croix et suis-moi. Pardonne à tes frères jusqu'à soixante-dix fois sept fois. Pardonne même à tes ennemis. Aime tes ennemis... et tu seras heureux... et tu auras la vie éternelle.» Nous pouvons accueillir cet enseignement ou ne pas en tenir compte.

Ce qui importe pour que les paroles de Jésus portent du fruit, c'est de les mettre en pratique.

Il ne suffit pas de me dire: «Seigneur! Seigneur» pour entrer dans le Royaume des Cieux; entrera celui qui fait la volonté de mon Père des cieux. (Mt 7, 21)

Mettez la Parole en pratique. Ne soyez pas seulement des auditeurs qui s'abusent eux-mêmes! Qui écoute la Parole sans la mettre en pratique ressemble à un homme qui observe sa physionomie dans un miroir. Il s'observe, part, et oublie comment il était. Celui, au contraire, qui se penche sur la Loi parfaite de liberté et s'y tient attaché, non pas en auditeur oublieux, mais pour la mettre activement en pratique, celui-là trouve son bonheur en la pratiquant. (Jc 1, 22-25)

Moment de silence. Pièce d'orgue, si possible.

13. Intercession

Prions pour que la Parole qui vient de Dieu et de son Fils porte en nous beaucoup de fuit.

Répons SEIGNEUR, NOUS TE PRIONS (*Chanté*)

— Ta Parole est lumière: qu'elle soit la lumière du monde, qu'elle soit la lumière de nos vies.

— Ta Parole est vie: qu'elle guérisse les malades, qu'elle réconforte ceux qui peinent et qui luttent.

— Ta Parole est force: qu'elle relève ceux qui sont tombés, qu'elle redonne du courage à ceux qui ont baissé les bras devant l'épreuve.

— Ta Parole est vérité: qu'elle confonde les mensonges du monde, qu'elle nous révèle le mystère de ton amour.

— Ta Parole est joie : qu'elle transforme nos cœurs, qu'elle garde le monde dans l'espérance.

— Ta Parole est Bonne Nouvelle pour les pauvres : qu'elle soit annoncée à tous ceux que la société met à l'écart.

— Ta Parole est plus précieuse que l'or : qu'elle soit notre plus grand trésor.

— Ta Parole est parfaite : fais-la-nous aimer et aide-nous à la mettre en pratique.

— Ta Parole est pure : qu'elle libère le monde de son péché.

— Ta Parole est solide comme le roc : qu'elle soit la joie de nos cœurs.

Dieu très bon, Père de Jésus Christ, vois le désir qui nous habite d'accueillir l'enseignement de ton Fils et de consacrer notre vie à le mettre en pratique. Pour que nous y parvenions de mieux en mieux chaque jour, mets en nous ton Esprit et rends-nous dociles à son action. Nous te le demandons par Jésus, le Christ, notre Seigneur. — Amen.

V. Conclusion

Le président peut inviter les membres de l'assemblée à manifester par un geste symbolique leur attachement à la Parole.

Manière de faire suggérée : le Livre de la Parole est placé devant l'autel ou au bas du chœur (une personne peut aussi le tenir). Les fidèles sont invités à s'en approcher et à le toucher de la main.

Pendant ce temps, on fait entendre une pièce d'orgue.

Quand cette démarche est terminée, on entonne le chant final.

14. Chant

LES MOTS QUE TU NOUS DIS (E 164; MNA 46.22)
ou PAROLE DE DIEU (MNA 83.14, p. 438).

Il est le Messie

I. Ouverture

Autant que possible, placer dans le chœur une image/icône du Christ, Messie de Dieu.

Pièce d'orgue durant l'entrée des ministres.

1. Salutation et introduction au chant d'ouverture

Traçons sur nous le signe qui manifeste qui nous sommes pour Dieu et pour le Christ.

Au nom du Père...

Que le Seigneur Jésus, sauveur du monde, soit avec vous. — Et avec votre esprit.

Si possible, projeter une lumière sur l'image du Christ. Moment de silence.

Le Christ a promis d'être présent auprès de ceux qui se réunissent en son nom pour écouter sa Parole et le prier. Prenons conscience qu'il réalise aujourd'hui pour nous sa promesse.

Bref moment de silence.

Dans son épître aux Philippiens, saint Paul affirme que le Christ Jésus s'est fait «semblable aux humains» (Ph 2, 7). Extérieurement, rien ne le différenciait des autres hommes. Il parlait comme eux, avait la culture de son temps. Comme tous les hommes de son entourage, il était sensible à la fatigue, à la douleur, à la température. Et pourtant, il était différent des autres hommes.

Qu'est-ce qui le différenciait? Qu'est-ce qui le différencie toujours des autres hommes? Dans la foi, en communion avec les membres de l'Église — ceux d'hier et ceux d'aujourd'hui —, nous répondons que le Christ vient de Dieu. Nous reconnaissons en lui le Bien-aimé du Père, le Fils du Très-Haut. Nous affirmons qu'il donne la vie et qu'il est le sauveur, non seulement de ceux qui le connaissent et croient en lui, mais de tous ceux qui appartiennent à notre humanité. Pour nous, le Christ est l'alpha et l'oméga. Nous proclamons que tout vient de lui, que tout subsiste en lui et que tout est orienté vers lui.

Au début de notre célébration, ce Christ à la fois si semblable à nous et si différent, acclamons-le. Reconnaissons ce qu'il est pour nous et pour l'humanité entière.

2. Chant

AVEC TOI, SEIGNEUR (A 123)
ou SEIGNEUR JÉSUS, TU ES VIVANT (J 16; MNA 35.85, p. 270)

3. Prière

Seigneur Jésus,
en te remerciant d'être déjà au milieu de nous
comme tu nous l'as promis,
nous te prions d'envoyer sur nous ton Esprit.
C'est lui qui nous fait te mieux connaître,
c'est lui qui ouvre nos esprits à l'intelligence de ta Parole et
c'est lui qui nous donne de t'aimer sincèrement.
Fais-le habiter profondément en nous,
et fais qu'avec lui nous puissions te rendre grâce
et rendre grâce à ton Père
qui vit pour les siècles des siècles. — Amen.

Invitation à s'asseoir.

II. Première partie: il est le Messie

4. Introduction à la lecture

Jésus est un personnage extrêmement riche. Le Nouveau Testament en témoigne à chaque page. Pour dire qui il est, il n'utilise pas qu'un seul nom ou qu'un seul qualificatif. Il l'appelle Agneau de Dieu, fils de l'homme, Fils de Dieu. Il affirme qu'il est le Seigneur. D'autres noms, d'autres titres lui sont encore donnés: il est le bon pasteur, la lumière du monde, le grand prêtre, le médiateur, le rédempteur, le nouvel Adam...

Parmi tous ces noms, tous ces titres, nous allons, (ce soir), en retenir un seul: celui de Messie. Ce titre est central et il est synonyme du mot Christ.

Le mot Christ qui vient du grec (*christos*) et le mot Messie qui vient de l'hébreu (*masha*) désignent tous deux un personnage éminent qui a reçu une onction de Dieu pour accomplir en son nom une fonction ou une tâche importante.

Dans l'Ancien Testament, le titre de messie est souvent donné aux rois d'Israël. Il peut aussi désigner les grands prêtres, parce que ceux-ci, comme les rois, recevaient une onction qui les habilitait à assumer leur service liturgique. Le mot *masha* signifie «oindre», et le mot *christos* veut dire «celui qui a été oint».

Peu à peu, dans l'Ancien Testament, on en est cependant venu à donner au mot messie une signification particulière. On l'a utilisé pour désigner ce personnage à qui serait confiée la tâche de restaurer Israël, de lui redonner sa puissance et sa gloire.

Les croyants de l'Ancien Testament ne savaient pas précisément qui serait le Messie. Mais ils attendaient avec ferveur sa venue et priaient ardemment pour qu'il leur soit bientôt envoyé. Inlassablement, ils scrutaient les signes qui pourraient les aider à reconnaître sa présence.

Quant aux croyants du Nouveau Testament, il leur a fallu du temps pour découvrir que Jésus était le Messie. Quelques textes témoignent de leur recherche et de leur découverte. Nous allons en relire quelques-uns. Écoutons tout d'abord un passage de l'évangile de Jean.

5. Lecture

JEAN 1, 35-40

Jean le baptiste était avec deux de ses disciples.
Il fixa son regard sur Jésus qui passait et il dit :
«Voici l'agneau de Dieu.»
Lorsque ces deux disciples l'entendirent,
ils allèrent suivre Jésus.

Jésus se retourna et vit qu'ils le suivaient ;
alors il leur dit : «Que cherchez-vous?»
Ils lui dirent :
«Rabbi (c'est-à-dire Maître) où demeures-tu?»
Jésus leur dit : «Venez et vous verrez!»
Ils vinrent donc pour voir où il restait,
et ce jour-là ils demeurèrent avec lui.
Il était environ quatre heures de l'après-midi.

L'un de ces deux disciples
qui avaient écouté Jean et avaient suivi Jésus
était André, le frère de Simon-Pierre.
Il alla d'abord trouver son frère Simon et lui dit :
«Nous avons trouvé le Messie»
(ce qui veut dire : le Christ).
Et il l'amena à Jésus.
Jésus le regarda et dit :
«Tu es Simon, fils de Jean ; tu t'appelleras Kéfas»
(ce qui signifie Pierre).

6. Réflexions

a) Dans la découverte que feront les premiers disciples, Jean-Baptiste joue un rôle majeur. C'est lui qui les met sur la piste en leur disant : «Voici l'agneau de Dieu.»

La foi en Jésus-Messie se transmet de personne en personne. Après avoir découvert qui était Jésus, les deux premiers disciples iront le dire à Simon-Pierre.

Il en est toujours ainsi. Des croyants aident d'autres personnes à aller vers le Christ. Des parents transmettent leur foi à leurs enfants. Des catéchètes, des instituteurs s'efforcent de révéler aux jeunes le visage de Jésus Christ, qu'ils ont eux-mêmes découvert. Dans les lieux de travail, des adultes peuvent témoigner du Christ auprès de leurs collègues. Il y a aussi ces hommes et ces femmes qui ont entendu un appel de Dieu pour aller annoncer le Messie au loin. Ils quittent leur pays pour le faire. On les appelle encore «les missionnaires».

Pensons à tous ceux et celles qui nous ont aidés à connaître le Christ. Puis demandons-nous quelles personnes nous avons nous-mêmes aidées à croire au Christ.

Moment de réflexion personnelle.

b) «Que cherchez-vous?» demande Jésus. Cette question est cruciale. Elle nous fait comprendre que pour découvrir le Christ et aller vers lui, il faut le chercher. «Cherchez et vous trouverez», dit l'évangile (Mt 7, 7). Le contraire est également vrai. Qui ne cherche rien ne trouve rien. Qui ne désire rien ne peut jamais être comblé.

Nous connaissons déjà le Christ. Nous affirmons que c'est lui le Messie. Est-ce à dire que nous n'avons plus à le chercher? Nous savons que ce n'est pas le cas. Jamais nous n'aurons fini de chercher et de trouver celui qui est l'infini, celui qui est le Fils de l'Éternel. Où en sommes-nous dans notre recherche? Cherchons-nous encore? Cherchons-nous vraiment?

Autre question à ruminer dans le silence: savons-nous éveiller, chez ceux et celles qui nous entourent, le désir de mieux connaître le Christ? la soif de sa présence? la passion de s'unir toujours davantage à lui?

c) «Venez, et vous verrez», dit Jésus. Cette petite phrase est essentielle. Elle manifeste que c'est Jésus lui-même qui prend l'initiative d'inviter les deux disciples à le découvrir.

On l'a dit, on l'a redit, on le redira encore et encore, et ce sera toujours avec raison: la foi est un don de Dieu. Personne ne s'en empare, tous la reçoivent gratuitement.

Savons-nous assez remercier le Christ, savons-nous assez rendre grâce à Dieu son Père pour la foi qui nous a été donnée?

d) Le passage de Jean précise que les deux disciples demeurèrent avec Jésus toute la journée. Détail intéressant. Il faut du temps pour reconnaître qui est le Christ et pour le connaître vraiment.

La foi, qui est un don, doit être cultivée, soignée, protégée, approfondie, nourrie. Une foi mal entretenue s'étiole, comme ces fleurs qu'on n'arrose pas assez.

Faisons-nous assez pour demeurer d'authentiques croyants?

e) Quand quelqu'un reconnaît le Christ comme Messie, le Christ le reconnaît à son tour et il lui confie une mission.

« Tu t'appelleras Pierre. » La mission confiée n'est pas toujours aussi décisive que celle qui fut le lot de Simon-Pierre, mais elle n'est jamais sans importance. Il incombe à tous les baptisés, chacun selon le don reçu, de mettre l'épaule à la roue et la main à la pâte pour que le Christ continue à être présenté au monde.

Quand il était sur terre, Jésus, avant de rencontrer ses concitoyens, aimait se faire précéder par ses disciples. En saint Marc, on lit ceci : « Il appela à lui les Douze et commença à les envoyer deux par deux. » (Mc 6, 7) Et en saint Luc, il est écrit : « Il les envoya devant lui dans un village de Samaritains pour préparer son arrivée. » (Lc 9, 52)

Il en est toujours ainsi. Le Christ compte sur les siens pour préparer sa venue.

Moment de réflexion personnelle.

Écoutons un autre texte. Il est tiré de l'évangile de Matthieu.

7. *Lecture*

Matthieu 16, 13-18

Jésus était allé dans la région de Césarée de Philippe.
Là, il posa à ses disciples cette question :
« D'après les gens, qui suis-je? qui est le Fils de l'Homme? »
Et ils répondirent :
« Pour les uns tu es Jean-Baptiste,

pour d'autres Élie,
pour d'autres encore Jérémie ou l'un des prophètes.»

Jésus leur demande:
«Et vous, qui dites-vous que je suis?»
Simon-Pierre prit la parole:
«Tu es le Messie, le Fils du Dieu vivant!»

Jésus lui fit alors cette déclaration:
«Heureux es-tu, Simon Bar-Jona,
car ce n'est pas la chair et le sang qui te l'ont révélé,
mais mon Père qui est dans les cieux.
Et moi je te dis:
Tu es Pierre et sur cette pierre je bâtirai mon Église,
et les forces de mort ne l'emporteront pas sur elle.»

8. Réflexions

a) «Qui dites-vous que je suis?» La question demeure pleinement actuelle, non seulement pour l'humanité dans son ensemble, mais pour chacun d'entre nous.

Il en est de la foi comme de l'amour. L'épouse pose souvent la même question à son époux: «M'aimes-tu encore? M'aimes-tu toujours? M'aimes-tu toujours comme au premier jour de notre amour?»

Il ne s'agit pas simplement de vérifier si nous croyons toujours, intellectuellement, que le Christ est le Messie. Il s'agit de vérifier si nous sommes toujours et de plus en plus attachés à lui.

Moment de silence.

b) «Qui dites-vous que je suis?» Qui suis-je pour vous? Quelle est la place que j'occupe dans votre vie?

Moment de silence.

9. Intercession

Invitation à se lever.

Prions ensemble, avec ferveur, avec humilité et avec confiance. Demandons que la foi au Christ-Messie se répande partout dans le monde.

Répons ÉCOUTE-NOUS, SEIGNEUR (25 répons — ALPEC)

— Ceux qui ne connaissent pas Jésus, le Messie, conduis-les vers lui,
nous t'en prions, Seigneur.

— Ceux qui l'ont déjà trouvé, rapproche-les de lui,
nous t'en prions.

— Ceux qui cherchent la lumière dans la nuit et dans la souffrance, éclaire-les et réconforte-les,
nous t'en prions.

— Ceux à qui le Messie s'est fait connaître dès leur jeune âge, ceux qui ont reçu la foi en lui comme l'on reçoit la vie de son père et de sa mère,
ceux qui ont la mission de proclamer au monde son existence, garde-les dans la foi, Seigneur, fais croître en eux leur foi en toi, nous t'en prions.

— Ceux qui doutent de la valeur de leur foi et de la valeur des enseignements de l'Évangile,
ceux qui disent croire au Christ mais ne plus croire à son Église, ceux qui croient mais refusent d'être le sel de la terre et la lumière du monde,
transforme-les, Seigneur, et fais de chacun d'eux un authentique témoin du Christ-Messie,
nous t'en prions.

Le président invite les membres de l'assemblée à s'asseoir et à prier en silence pour eux-mêmes, pour les personnes et pour les causes qui leur sont chères.

On peut suggérer aux participants, après qu'ils ont intérieure-
ment formulé leurs demandes, de venir allumer un lampion
qu'ils iront déposer près de l'image du Christ.

III. Deuxième partie: un Messie qui s'affirme

10. Introduction à la lecture

Les quelques passages des évangiles que nous avons entendus nous ont rappelé dans quelles circonstances quelques disciples ont proclamé que le Christ était le Messie. Ces textes nous sont précieux. Ils sont l'expression de la foi des premières communautés chrétiennes.

Mais Jésus, lui, quand il s'est exprimé sur lui-même, a-t-il personnellement déclaré qu'il était le Messie? Il l'a fait. À deux reprises.

Il l'a d'abord fait en présence de la Samaritaine. Cette femme venait de découvrir que Jésus était un prophète. Elle lui demanda alors pourquoi les Juifs affirmaient qu'il fallait adorer Dieu à Jérusalem plutôt que sur le mont Garizim, haut lieu du culte samaritain. Jésus lui répondit que viendrait bientôt le temps où le lieu pour adorer n'aurait plus aucune importance, puisque ce qui allait être dorénavant important, ce serait d'adorer Dieu «en esprit et en vérité» (Jn 4, 24).

La femme lui dit alors: «Je sais que bientôt sera là le Messie (c'est-à-dire le Christ). Quand il sera là, il nous dira tout.» Jésus lui répondit: «Je le suis, moi qui te parle.» (Jn 4, 26)

L'autre circonstance où Jésus reconnut personnellement être le Messie se situe au moment de son procès, quand on le fit comparaître devant le Grand Prêtre.

11. Lecture

MARC 14, 55-62

Les chefs des prêtres et tout le conseil du Sanhédrin cherchaient un témoignage pour condamner Jésus à mort,

mais ils n'en trouvaient pas;
plusieurs avaient témoigné faussement contre Jésus,
mais leurs témoignages ne concordaient pas.

Certains lancèrent cette fausse accusation :
«Nous l'avons entendu affirmer :
Je détruirai ce Temple, construit de main d'homme,
et en trois jours j'en bâtirai un autre
qui ne sera pas fait de main d'homme.»
Mais là encore leurs témoignages ne concordaient pas.

Le Grand Prêtre se lève au milieu du conseil
et il interroge Jésus :
«Tu ne réponds rien?
Quelle est cette histoire dont ils t'accusent?»
Mais Jésus garde le silence et ne répond rien.
De nouveau, le Grand Prêtre l'interroge et lui dit :
«Es-tu le Messie, le Fils du Béni?»
Jésus répond :
«Je le suis,
et vous verrez le Fils de l'Homme
siéger à la droite du Tout-Puissant
et venir sur les nuées du ciel.»

12. *Réflexions*

a) «Le Fils du Béni»: nous ne sommes pas habitués à cette
expression. Elle s'éclaire si l'on se rappelle que les Juifs ne
devaient pas prononcer le nom de Dieu. Ils devaient utiliser une
expression qui se réfère à lui sans le nommer directement. Le
Grand Prêtre se sert ici du mot Béni. Dire «le Fils du Béni»,
c'est donc l'équivalent de dire «le Fils de Dieu».

b) En répondant «Oui, je suis le Fils du Béni», Jésus reconnaît
qu'il existe entre lui et Dieu une intimité particulière. Dans la
foi, nous proclamons que cette intimité est si profonde que
Jésus partage la divinité même de Dieu.

Jésus le Messie n'est pas un prophète à mettre sur le même pied
que ceux qui sont venus avant lui. Il les dépasse tous. Il est le
Fils de Dieu.

Moment de silence. Puis geste qui invite à se lever.

Proclamons notre foi au Christ, Messie de Dieu.

13. *Profession de foi*

JE CROIS SEIGNEUR (L 79; CN 1, p. 238)

— En Église et avec l'Église,
nous croyons que Jésus est fils de Marie et Fils de Dieu.
Il est né à Bethléem, il a vécu à Nazareth,
il est passé parmi nous en faisant le bien.
Nous croyons qu'il est le Messie et qu'il donne la vie.

— En Église, avec tous ceux et celles qui nous ont précédés dans
la foi,
nous croyons que Jésus a parlé au nom de Dieu,
qu'il a guéri des malades et fait marcher des boiteux.
Il a ramené à la vie son ami Lazare
qui avait été mis au tombeau.
Nous croyons qu'il est le Messie et qu'il est source de vie.

— Unis à l'Église partout répandue dans le monde,
nous croyons que Jésus est le sauveur du monde.
Par sa mort il nous a libérés de la mort,
par sa résurrection il a ouvert un chemin
qui est chemin de vie éternelle.
Nous croyons que c'est lui le Messie, lui qui fait vivre.

V. Conclusion

14. *Bénédiction*

En étendant la main droite.
Les membres de l'assemblée peuvent être invités à répondre ou
à chanter Amen.

Que Dieu vous bénisse,
qu'il vous garde dans la foi, dans l'espérance et dans la charité.
À tout instant, que Dieu, qui est Père,
vous manifeste sa tendresse, sa confiance et sa miséricorde.

Que Dieu, qui est Fils, vous entraîne à sa suite,
qu'il vous apprenne à témoigner de lui
et à ne jamais rougir de son Évangile.
Que l'Esprit Saint vienne en vous,
qu'il vous donne de reconnaître le Messie au milieu de vous
et qu'il vous garde généreux à faire le bien.

Que le Dieu de Jésus Christ — le Père, le Fils et l'Esprit Saint
— soit en vous,
maintenant et pour les siècles des siècles. — Amen.

Il est le chemin, la vérité et la vie

L'image/icône du Christ, celle qui sert depuis le début de la démarche entreprise, est placée dans le chœur.

Quelques minutes avant l'entrée des ministres, on l'éclaire et on fait entendre une pièce d'orgue.

Si on le désire, on peut écrire les mots de l'Évangile : Je suis le chemin, la vérité et la vie.

I. Ouverture

1. Salutation et monition d'ouverture

Que Dieu notre Père
et Jésus Christ notre sauveur
vous (nous) donnent la grâce et la paix.
— Béni soit Dieu maintenant et toujours !

C'est l'Esprit Saint qui ouvre nos cœurs et nos esprits à l'intelligence et à l'amour de la Parole de Dieu; c'est lui qui nous fait comprendre toujours mieux l'enseignement du Christ.

C'est aussi l'Esprit qui nous rend capables de prier Dieu et de le glorifier. Sans l'Esprit, en dehors de lui, il nous est impossible de nous tourner vers l'Éternel et de lui dire en toute vérité: Abba! Père ! (Rm 8, 15) Au début de notre célébration, invoquons l'Esprit.

2. Invocation à l'Esprit

Répons   ESPRIT DU SEIGNEUR, VIENS EN NOUS
           (Y 27; Refrains pour la supplication, n°s 38 ou 39)

— Esprit qui éclaires et qui pacifies les cœurs, viens en nous.

— Esprit du Christ qui conduis les croyants à la vérité tout entière, viens en nous.

— Esprit de sagesse et de force, viens en nous.

— Esprit de consolation et de droiture, viens en nous.

— Esprit qui nous fais enfants du Père, viens en nous.

— Esprit qui fais vivre, viens en nous.

Invitation à s'asseoir.

II. Première partie: le chemin

3. Introduction à la lecture

Depuis le début de nos rencontres, nous nous mettons à l'écoute de la Parole de Dieu pour mieux connaître qui est le Christ. Lors de nos rencontres précédentes, nous avons médité des textes évangéliques qui nous ont rappelé que Jésus est le Verbe de Dieu fait homme, qu'il est né de la Vierge Marie, qu'il a passé parmi nous en ne faisant que le bien. Nous nous sommes aussi rappelé que jamais personne, jamais aucun prophète n'a parlé comme lui, et nous avons reconnu en lui le Messie.

Aujourd'hui, nous allons porter notre attention sur une affirmation que Jésus lui-même a faite et que nous rapporte l'évangile de Jean. Jésus a dit de lui-même: «Je suis le chemin, la vérité et la vie.»

Durant quelques instants de silence, pensons à ces paroles. Demandons-nous pourquoi Jésus a déclaré être le chemin... être la vérité... être la vie.

Moment de silence.

Écoutons maintenant ce passage où Jésus se présente comme «le chemin, la vérité et la vie».

4. Lecture

JEAN 14, 1-10

(Le soir de la Cène, Jésus disait à ses disciples :)
« Que votre cœur ne se trouble pas :
croyez en Dieu et croyez aussi en moi.
Dans la maison de mon Père il y a beaucoup de chambres.
Sinon, je ne vous aurais pas dit
que je m'en vais pour vous préparer une place.
Quand je serai allé
et que je vous aurai préparé une place,
je reviendrai et je vous prendrai près de moi,
de sorte que vous soyez aussi là où je suis.
Et vous savez le chemin pour aller où je vais. »

Thomas lui dit alors :
« Seigneur, nous ne savons pas où tu vas,
comment pouvons-nous en savoir le chemin ? »
Jésus lui dit :
« Je suis le chemin, la vérité et la vie.
Personne ne peut aller au Père sans passer par moi.
Si vous me connaissiez, vous connaîtriez aussi le Père.
D'ailleurs, dès maintenant vous le connaissez
et vous l'avez vu. »

Philippe lui dit :
« Seigneur, montre-nous le Père et cela nous suffit. »
Jésus lui dit :
« Philippe, j'ai été si longtemps avec vous
et tu ne me connais pas encore ?
Celui qui m'a vu a vu le Père.
Comment peux-tu dire : Montre-nous le Père ?
Ne crois-tu pas que je suis dans le Père,
et que le Père est en moi ?
Tout l'enseignement que je vous ai donné
ne vient pas de moi,
mais le Père demeure en moi
pour accomplir ses propres œuvres.
Je suis dans le Père et le Père est en moi ;
faites-moi confiance en cela,
ou sinon, croyez-le à cause de ses œuvres. »

5. Réflexions

a) Avant de révéler à ses disciples qu'il est le chemin, Jésus leur parle de son départ vers son Père et il leur dit ce qu'il va faire auprès de lui. Il va leur préparer une place.

Là où le Christ est destiné à être, les apôtres y seront aussi. Tout ce que Jésus est venu vivre sur terre, il n'est pas venu le vivre pour lui seulement, mais pour les siens, pour tous ses disciples.

Son retour vers le Père est le premier temps du retour des croyants et du retour de l'humanité entière vers le Père.

Le destin de l'humanité n'est pas la mort, la destruction, la disparition dans le néant; il est l'entrée dans le Royaume et dans la gloire de Dieu.

b) Jésus affirme être lui-même le chemin pour aller vers le Père, pour entrer un jour dans le Royaume. C'est sa personne même qui est le chemin. C'est donc en s'approchant de lui, en communiant à sa vie, en vivant avec lui que l'on est sur le chemin qui conduit à Dieu.

Jésus *est* le chemin par tout son être: par sa personne, par son enseignement et par sa manière de vivre. Ce qu'il a dit, ce qu'il a fait, ses paroles, ses silences, ses gestes prophétiques, tout nous indique la voie à prendre pour demeurer sur le chemin qui conduit au Royaume.

C'est une illusion de penser qu'on peut être «avec le Christ», sans accueillir son enseignement et sans s'efforcer de le mettre en pratique.

c) Jésus a lui-même précisé ce qu'implique la décision de se mettre à sa suite. «Si quelqu'un veut marcher derrière moi, a-t-il dit, qu'il renonce à lui-même, qu'il prenne sa croix et qu'il me suive. Celui qui veut sauver sa vie la perdra, mais s'il la perd pour moi, il la gagnera.» (Mt 16, 24-25)

Le chemin du Christ... le chemin qu'est le Christ est un chemin de croix. Donc un chemin de renoncement et de souffrance. Un chemin où l'on se donne en offrande aux autres et en offrande à Dieu. Ce chemin est rude et il est étroit. «Entrez par la porte étroite, a dit Jésus. Oui, grande ouverte est la porte, large est le chemin qui mène à la perdition, et c'est une foule qui s'y engage. Mais comme elle est étroite la porte qui mène à la vie, comme le chemin en est resserré! Et ceux qui le trouvent sont bien peu.» (Mt 7, 13-14)

d) Rude, resserré, exigeant est le chemin tracé par le Christ. Mais il conduit à la vie. Il est un chemin pascal.

Moment de réflexion personnelle.

6. Intercession

Répons   EXAUCE-NOUS, SEIGNEUR ! (MNA 24.25, p. 124; Y 27 n° 56)
Le répons est joué d'abord une fois à l'orgue, chanté ensuite par le soliste, puis repris par l'assemblée. Par la suite, l'assemblée chante directement le répons.

— Rapproche-nous de toi, Seigneur, et unis-nous davantage à toi; nous t'en prions.

— Fais-nous mieux connaître le chemin que tu nous as tracé et fais-le-nous aimer; nous t'en prions.

— Aux heures difficiles, quand la lassitude nous envahit, aide-nous à demeurer près de toi et à te suivre jusque sur la croix; nous t'en prions.

— Quand, sur notre route, les ténèbres se font épaisses et quand nos cœurs se refroidissent, sois notre lumière, Seigneur, et sois notre force; nous t'en prions.

— Conduis-nous, Seigneur, jusqu'à la Pâque qui ouvre la porte du Royaume des cieux; nous t'en prions.

Moment de réflexion personnelle.

III. Deuxième partie: la vérité

7. Introduction aux passages évangéliques

Le Christ, qui a dit être le chemin, a aussi affirmé qu'il était la vérité. Non seulement le Christ proclame la vérité, mais il est lui-même la vérité.

Il est la vérité parce que le Père et lui ne font qu'un. Or, le Père est vérité, puisqu'il est Dieu.

Écoutons quelques paroles que nous trouvons dans les évangiles concernant la vérité.

8. Textes évangéliques

Au début de son évangile, parlant du Verbe de Dieu, saint Jean écrit:
«Et le Verbe s'est fait chair et il a habité parmi nous;
et nous avons vu sa gloire: [...]
en lui tout était don d'amour et vérité.» (Jn 1, 14)

Quelques versets plus loin, il ajoute:
«Par Moïse nous avons reçu la Loi,
mais le don d'amour et la vérité sont venus par Jésus Christ.» (Jn 1, 17)

Jésus a dit:
«Je suis venu dans le monde pour rendre témoignage à la vérité.» (Jn 18, 37)

Il a dit aussi:
«(Durant ma vie), j'ai dit la vérité que j'ai entendue de Dieu.» (Jn 8, 40)

Jésus a invité ses disciples à vivre dans la vérité:
«Que votre oui soit oui, et que votre non soit non.» (Mt 5, 37)

Puis il leur a dit:
«Qui vit dans la vérité vient à la lumière.» (Jn 3, 21)

Et encore:
«Vous serez mes vrais disciples si vous persévérez dans ma

parole; alors vous connaîtrez la vérité et la vérité vous rendra libres.» (Jn 8, 31-32)

Puis Jésus a prié son Père en faveur de ses disciples, en lui disant:
«Consacre-les dans la vérité.» (Jn 17, 17)

Plage de silence.

Écoutons maintenant quelques textes tirés des épîtres de Paul et de celles de Jean.

Dans sa première épître à Timothée, saint Paul a écrit:
«Dieu notre Sauveur... veut que tous les hommes parviennent à la connaissance de la vérité.» (1 Tm 2, 3-4)

Aux Philippiens, il a écrit:
«Préoccupez-vous de ce qui est vrai.» (Ph 4, 8)

Dans la première épître aux Corinthiens, on lit ceci:
«L'amour ne se réjouit jamais de ce qui est injuste et il prend plaisir à la vérité.» (1 Co 13, 6)

Écoutons maintenant saint Jean. Dans sa première épître, il affirme:
«Si nous disions que nous sommes en communion avec Dieu, alors que notre vie est ténèbres, nous serions menteurs, nous ne ferions pas la vérité.» (1 Jn 1, 6)

Un peu plus loin, il affirme:
«Celui qui prétend connaître le Christ et ne garde pas ses commandements est un menteur; la vérité n'est pas chez lui.» (1 Jn 2, 4)

Plage de silence.

9. *Intériorisation*

Le président peut inviter les membres de l'assemblée à reprendre une phrase ou l'autre qui les a frappés. Ou, mieux encore, il peut distribuer une copie des textes qui viennent d'être proclamés (ou de quelques-uns d'entre eux), afin que chacun ait la possibilité de les relire dans le silence.

IV. Troisième partie : la vie

10. Introduction à la lecture

Le Christ, qui a dit être le chemin et être la vérité, a aussi révélé qu'il était la vie. Non seulement il donne la vie, mais il est la vie, comme il est le chemin, comme il est la vérité. Toujours pour la même raison. Le Père vit en lui ; et lui, il vit dans le Père. Le Père et lui ne font qu'un (Jn 10, 30).

C'est dans le chapitre sixième de l'évangile de saint Jean que le Christ s'est le plus explicitement présenté comme le Vivant, comme source de vie, comme donneur de vie. Il a alors affirmé être le pain de vie. Rappelons-nous quelques-unes de ses paroles.

11. Lecture

JEAN 6, 34-58

Sur fond musical, si possible.
Éteindre la lumière dirigée vers l'image/icône du Christ.
Éclairer l'autel ou le tabernacle.

Jésus dit à la foule :
« Je suis le pain de vie :
celui qui vient à moi n'aura jamais faim,
celui qui croit en moi n'aura plus jamais soif. [...]
C'est la volonté de mon Père :
quiconque voit le Fils et croit en lui
doit vivre de vie éternelle,
et moi je le ressusciterai au dernier jour. »

Les Juifs commencèrent à protester...
Jésus leur dit ceci :
« Ne protestez pas entre vous.
Personne ne peut venir à moi
si le Père qui m'a envoyé ne l'attire ;
moi, alors, je le ressusciterai au dernier jour...
En vérité, en vérité, je vous le dis :
celui qui croit vit de vie éternelle. »

Puis il ajouta:
«Je suis le pain de vie.
Vos pères ont mangé la manne dans le désert,
mais ils sont morts.
Voici maintenant le pain qui est descendu du ciel,
celui qui en mange ne meurt pas.
Je suis le pain vivant qui est descendu du ciel;
si quelqu'un mange de ce pain, il vivra pour toujours.
Et ce pain que je donnerai,
c'est ma chair livrée pour la vie du monde. [...]

Ma chair est vraiment nourriture,
et mon sang est vraiment boisson.
Celui qui mange ma chair et boit mon sang
demeure en moi et moi en lui.
De même que je vis par le Père,
car le Père qui m'a envoyé est vivant,
de la même façon celui qui me mange vivra par moi.
Voici le pain qui est descendu du ciel.
Ce ne sera pas comme pour vos pères qui ont mangé,
et ensuite ils sont morts:
celui qui mange ce pain vivra pour toujours.»

Prolongement musical.

12. Réflexions

a) Le mystère de l'Eucharistie continue d'une certaine manière celui de l'Incarnation. Quand le Verbe de Dieu est venu sur terre, beaucoup ne l'ont pas reçu. Le Christ ressuscité qui se donne dans le pain, dans le vin, est-il mieux reçu?

b) Ce n'est pas en raison de nos mérites ou de nos talents que nous croyons à l'Eucharistie et que nous n'hésitons pas à nous en nourrir, c'est en raison de l'amour que Dieu nous porte. Nul ne va au Christ, nul ne va à l'Eucharistie sans être attiré par le Père.

La grâce reçue appelle notre action de grâce.

c) La vie que le Christ donne fait vivre éternellement. Cette vie est accueillie par la foi et elle est donnée dans le mystère du pain et du vin.

Ces deux réalités — le mystère de la foi et le mystère du pain — s'appellent mutuellement. Celui qui croit est normalement attiré vers l'Eucharistie. Celui qui accède à l'Eucharistie ne peut y accéder en vérité sans accomplir une démarche de foi.

Au cœur de chaque Eucharistie nous proclamons : « Il est grand le mystère de la foi ! » Il est grand en effet le mystère du pain et du vin qui dépose en nous des semences de vie éternelle.

Moment de réflexion personnelle.
Projeter de nouveau la lumière sur l'image/icône du Christ.

13. Acclamations

Frères et sœurs, pour les paroles que nous avons entendues et pour la vie qui nous est donnée, acclamons Jésus, le Christ, Verbe de Dieu et sauveur du monde.

Geste qui invite à se lever.

Répons   NOUS TE LOUONS, SPLENDEUR DU PÈRE
(Louange pascale, 3 Pâques — ALPEC)

Le répons est joué une fois à l'orgue, puis chanté par le soliste. Il est repris ensuite par l'assemblée et, par la suite, chanté directement par l'assemblée.

— Christ, route de vie; Christ, chemin de Pâques; Christ Jésus, fils bien-aimé du Père, louange et gloire à toi.

— Christ Jésus, Parole éternelle de Dieu; Seigneur de vérité et Seigneur de gloire; toi le Dieu fait homme pour que nous devenions fils de Dieu, louange et gloire à toi.

— Seigneur Jésus, fils de Dieu Ressuscité; Seigneur, lumière du monde et vie du monde, louange et gloire à toi.

Répons   GLOIRE ET LOUANGE À TOI, SEIGNEUR JÉSUS
(X 10; LF n. 392; 1 Acclamation — ALPEC)

— Seigneur Jésus,
pour ta venue sur terre et pour ton amour des petits,
nous t'acclamons.

— Pour ton respect de tous et pour ton enseignement,
pour tes miracles et pour ton abaissement jusque dans la mort,
nous t'acclamons.

— Pour la foi mise en nos cœurs, pour la paix qu'elle nous apporte,
pour le pain et le vin qui font vivre à jamais,
nous t'acclamons.

— Pour la joie que tu nous as promise et que déjà tu nous donnes,
pour la paix que tu nous as annoncée et que déjà nous
possédons,
nous t'acclamons.

— Pour ta présence au milieu de nous,
pour ton visage que nous découvrons dans celui du pauvre,
nous t'acclamons.

— Pour ta mort et pour ta résurrection,
pour ton ascension auprès du Père et pour le don de l'Esprit,
nous t'acclamons.

— Pour le pain qui est ton corps et pour le vin qui est ton sang,
pour le pain et le vin qui font vivre éternellement,
nous t'acclamons.

V. Conclusion

14. Envoi et bénédiction

Frères et sœurs,
vous qui croyez au Christ et qui l'aimez,
allez dire aux autres ce que vous croyez;
allez dire que le Christ est le chemin, qu'il est la vérité, et qu'il
est la vie.
— Amen. (Ou ALLÉLUIA! AMEN! Z 116-2; MNA 61.31,
p. 366)

Allez dire que le Christ fait vivre,
allez dire que son pain a saveur d'éternité,
allez dire que nous sommes fils et filles de Dieu.

Allez dire qu'un chemin mène jusqu'à Pâques,
allez dire que nos yeux ont vu la lumière de Pâques,
allez dire que le Ressuscité est devant nous, sur nos chemins.

Et que le Dieu de toute bonté vous bénisse et vous garde dans
la paix,
le Père, le Fils et le Saint-Esprit. — Amen.
Allez (allons) dans la paix et dans la joie du Christ.
— Nous rendons grâce à Dieu.

Il a été mis à mort

L'image du Christ, utilisée depuis la première célébration, est placée à son lieu habituel.

Musique d'orgue qui crée une ambiance de prière.

I. Ouverture

1. Salutation et introduction au chant d'ouverture

Que Jésus, le Christ,
Messie de Dieu et sauveur du monde.
soit avec vous. — Et avec votre esprit.

Depuis quelques mois déjà, nous nous préparons à la célébration du IIIe millénaire en portant notre regard sur le Christ et en nous redisant qui il est pour nous et pour l'humanité.

Nous reconnaissons en lui l'unique sauveur du monde, l'unique Fils de Dieu, l'unique Dieu fait homme. Pour nous, ses disciples, il est le vivant, il est le roi et l'espérance du monde. Acclamons-le.

2. Chant

CHRIST, ROI DU MONDE (M 35; CN 3, p. 204; MNA 46.13, p. 311)
ou SEIGNEUR JÉSUS, TU ES VIVANT (J 16; MNA 35.85, p. 270)

3. Prière d'ouverture

Père très bon et très aimant,
tourne nos cœurs vers Jésus, ton Fils et notre frère,

apprends-nous à le mieux connaître et à le mieux aimer
pour mieux témoigner de lui dans le monde
et travailler ainsi à la croissance de ton Royaume sur terre.
Nous te le demandons humblement,
en proclamant que tu es trois fois saint
et que tu vis pour les siècles des siècles. — Amen.

4. *Apport de la croix*

Pièce d'orgue durant laquelle une grande croix est apportée et placée dans le chœur.

5. *Signe de la croix et vénération de la croix*

La croix est pour nous un signe très précieux. Chaque fois que nous voyons une croix, nous pensons au Christ mort crucifié. Tracer sur soi le signe de la croix, c'est se reconnaître chrétien, c'est affirmer que l'on est disciple du Christ, que l'on est fils ou fille de Dieu. C'est aussi proclamer la richesse et la fécondité de la croix de Jésus qui nous a réconciliés avec Dieu son Père.

En signe de foi et d'espérance, traçons sur nous le signe de la croix : Au nom du Père...

Le président s'agenouille ensuite devant ou près de la croix, durant quelques instants. Il peut aussi simplement se courber près d'elle. Les membres de l'assemblée l'imiteront spontanément.

Puis il invite les fidèles à s'asseoir.

II. Première partie : le destin du Christ

6. *Introduction aux lectures*

Nous sommes habitués à entendre parler de la passion, de la croix et de la mort du Christ. Comme si tout cela était normal, comme s'il n'y avait presque «rien là».

Ce n'est pourtant pas le cas. Jésus était conscient de ce que pouvait avoir de scandaleux et d'inacceptable le sort qui allait être le sien. C'est pourquoi il s'y est pris à trois reprises pour annoncer à ses disciples qu'il devait subir un destin tragique. Voici comment cela arriva, la première fois.

7. *Lecture*

MATTHIEU 16, 21-26

Jésus commença à montrer à ses disciples
qu'il devait partir pour Jérusalem.
Là-bas, il aurait à souffrir beaucoup de la part des Anciens,
des chefs des prêtres et des maîtres de la Loi.
On allait le tuer,
mais il devait ressusciter le troisième jour.

Pierre alors le prend à part
et commence à lui faire la leçon en disant:
«Ne parle pas de malheur,
cela ne t'arrivera pas, Seigneur!»
Mais Jésus se retourne et dit à Pierre:
«Passe derrière moi, Satan,
voudrais-tu me faire chuter?
Ta façon de voir n'est pas celle de Dieu,
mais celle des hommes.»

Jésus dit alors à ses disciples:
«Si quelqu'un veut marcher derrière moi,
qu'il renonce à lui-même,
qu'il prenne sa croix et qu'il me suive.
Celui qui veut sauver sa vie la perdra,
mais s'il la perd pour moi, il la gagnera.»

8. *Réflexions*

a) La réaction de Pierre est spontanée et vive. «Ne parle pas de malheur, cela ne t'arrivera pas, Seigneur!»

Nous avons souvent des réactions semblables. Pensons à tous ces pères, toutes ces mères qui ne voudraient jamais voir souffrir leur enfant, qui sont prêts à souffrir eux-mêmes pour l'empêcher d'être blessé et de connaître la souffrance. Pensons à nos propres réactions à l'égard des personnes qui nous sont chères.

b) La réaction de Jésus est vive, elle aussi. «Passe derrière moi, Satan, voudrais-tu me faire chuter?»

Satan qui apparaît! Pierre est sous son emprise.

Satan était là, au désert, quand Jésus y passa quarante jours à scruter la volonté de son Père et à y consentir.

La volonté de son Père, c'est qu'il se donne. Entièrement... jusque dans la mort, pour sauver tous ceux qui lui ont été confiés. Pour sauver l'humanité entière.

La volonté de Dieu ne correspond pas toujours à notre volonté. Ses pensées ne sont pas toujours nos pensées.

c) Jésus essaie de faire comprendre à ses disciples pourquoi il est nécessaire qu'il souffre.

Cette souffrance ne sera pas inutile. Elle aura un au-delà, elle sera féconde. Sa mort ne sera pas un point final. Elle ne sera ni un échec total et définitif, ni un acte de destruction irrémédiable. Elle sera un chemin de résurrection et de vie. Grâce à la souffrance à laquelle le Christ a consenti, grâce à la croix sur laquelle il s'est exposé à la violence et à la mort, la mort a été mise à mort, et la violence a été déjouée par la force de l'amour. De la mort a jailli une autre vie.

d) Le destin de Jésus est appelé à devenir le destin de ceux qui croient en lui. «Celui qui veut sauver sa vie la perdra, mais s'il la perd pour moi, il la gagnera.»

Pas simplement perdre sa vie, dit le texte, mais la perdre «pour lui». Voilà le geste qui sauve.

Sommes-nous prêts à suivre le Christ jusque-là? prêts à prendre notre croix, jusqu'à être mis en croix comme il l'a été? Don total de soi! On n'y arrive que par grâce. Sommes-nous assez disponibles pour implorer cette grâce? Aimons-nous assez pour le faire?

Moment de réflexion silencieuse.

Voici maintenant comment, pour la deuxième fois dans l'évangile de saint Matthieu, Jésus annonce son destin tragique à ses disciples.

9. Lecture

MATTHIEU 17, 22-23

Un jour qu'ils étaient réunis en Galilée, Jésus leur dit :
«Le Fils de l'Homme doit être livré aux mains des hommes.
Ils le tueront, mais le troisième jour il ressuscitera.»
Et ils en étaient tout tristes.

10. Réflexions

Lors de la première annonce qui leur a été faite, les apôtres ont été complètement scandalisés. Pierre a réagi avec vivacité et indignation. Ils ne voulaient rien entendre de ce que Jésus essayait de leur dire !

Cette fois-ci, leur réaction est moins vive, mais ils ne progressent pas dans la compréhension de ce que Jésus leur annonce. Ils sont «tristes»... et ne comprennent toujours pas.

Moment de réflexion personnelle.

Puis, Jésus annonce une troisième fois qu'il sera mis à mort.

11. Lecture

MATTHIEU 20, 17-19

Quand Jésus était sur la route de Jérusalem,
il prit à part les Douze et, tout en marchant, il leur dit :
«Voici que nous montons à Jérusalem
et le Fils de l'homme va être livré aux chefs des prêtres
et aux maîtres de la Loi qui le condamneront à mort.
Ils le remettront aux étrangers qui vont l'humilier,
le fouetter et le mettre en croix.
Mais il ressuscitera le troisième jour.»

12. Réflexions

Les détails abondent : il sera humilié, fouetté, mis en croix.

L'évangile ne dit plus rien de la réaction des disciples. Peut-être gardent-ils simplement le silence, devant le destin inéluctable qui va s'abattre sur celui auquel ils sont profondément attachés. Ils sont dépassés. Au point de ne pas être frappés par la finale : « Il ressuscitera le troisième jour. »

C'est pourtant la troisième fois que Jésus conclut son annonce de sa passion par celle de sa résurrection.

Ainsi en est-il souvent pour nous. Notre regard est tellement fixé sur ce qui nous fait mal que nous ne parvenons pas à imaginer qu'il peut y avoir de la lumière au bout du tunnel dans lequel nous sommes.

Après quelques instants de silence, le président invite les membres de l'assemblée à s'agenouiller afin d'implorer le Père pour tous ceux qui souffrent.

13. Intercessions

Répons   KYRIE ELEISON (*Chanté*)

— Pour les malades qui n'ont plus la force de lutter, prions ensemble.

— Pour les enfants que l'on frappe, que l'on viole, prions.

— Pour les personnes qui sont éprouvées par la maladie, prions Dieu notre Père.

— Pour tous les civils frappés par la guerre, prions avec ferveur.

— Pour ceux qui ne parviennent pas à accepter leur croix, prions ensemble.

— Pour les disciples du Christ qu'on persécute à cause de leur foi, prions.

— Pour les personnes qui ont le sentiment d'avoir raté leur vie, prions Dieu notre Père.

— Pour ceux qui souffrent de la pauvreté, prions avec ferveur.

— Pour les jeunes qui sont désemparés, prions ensemble.

Le président peut inviter les participants à présenter d'autres intentions.

Il leur suggère ensuite d'exprimer à Dieu, dans le silence, leurs intentions plus personnelles.

Après un bon temps de silence, il les invite à se lever.

14. Introduction au chant

Le Christ, qui a souffert, continue à souffrir. Il le fait en se rendant présent à notre souffrance, et en la partageant. Il est là «au cœur de nos détresses».

15. Chant

AU CŒUR DE NOS DÉTRESSES (H 128; CN 1, p. 180; MNA 34.61, p. 238)

Invitation à se rasseoir.

Pièce musicale.

III. Deuxième partie: un destin assumé dans l'obéissance et dans l'amour

16. Introduction aux textes du Nouveau Testament

Plusieurs textes du Nouveau Testament prennent soin de noter que Jésus n'a pas vécu sa passion et sa mort comme une fatalité. Il les a plutôt intégrées à sa vie. Il a consenti à souffrir, consenti à mourir, par obéissance à son Père et par amour. Écoutons quelques phrases sur l'obéissance de Jésus, et quelques autres sur l'amour qui l'animait.

17. Textes du Nouveau Testament

— «Ma nourriture, c'est de faire la volonté de celui qui m'a envoyé et de mener à bien son œuvre.» (Jn 4, 34)

— «Je suis descendu du ciel, non pour faire ma volonté mais pour faire la volonté de celui qui m'envoie.» (Jn 6, 38)

— «Le monde doit savoir que j'aime le Père et que je fais comme le Père me l'a ordonné.» (Jn 14, 31)

— Arrivé à une propriété appelée Gethsémani, [...] Jésus prend avec lui Pierre et les deux fils de Zébédée, et il commence à être envahi par la tristesse et l'angoisse. Il leur dit: «Mon âme est triste à en mourir. Restez ici et veillez avec moi.» Puis il s'éloigne un peu et se prosterne face contre terre pour prier, disant: «Mon Père, si c'est possible, que cette coupe s'éloigne de moi. Cependant, non pas comme je veux, mais comme tu veux.» (Mt 26, 36-39)

Plage de silence. On peut éclairer davantage la croix et/ou apporter près d'elle quelques cierges allumés.

Gestes d'obéissance, la passion du Christ et sa mort ont aussi été une aventure d'amour. L'Écriture le dit clairement.

— «Il ne peut y avoir de plus grand amour que de donner sa vie pour ses amis.» (Jn 15, 13)

— C'était avant la fête de la Pâque. Jésus savait que son heure était venue et qu'il devait passer de ce monde au Père; lui qui avait aimé les siens qui sont dans le monde, il voulut les aimer jusqu'au bout. (Jn 13, 1)

— Le Christ a aimé l'Église et s'est sacrifié pour elle. (Ep 5, 25)

Plage de silence.

18. Réflexions

a) Si elle n'est pas motivée par l'amour, l'obéissance ne porte aucun fruit. C'est celui qui obéit par amour qui porte du fruit.

b) Jamais personne ne l'a mieux dit que saint Paul : sans l'amour tout est vide, hors de l'amour tout est de peu de valeur.

> Je peux bien parler les langues des hommes, et aussi celles des anges, si je n'ai pas l'amour, je suis comme la trompette ou la cymbale : du bruit et rien de plus.
>
> Je peux prophétiser et découvrir tous les mystères et le plus haut savoir, je peux avoir la foi parfaite jusqu'à transporter les montagnes, si je n'ai pas l'amour je ne suis rien.
>
> Et si je donne tout ce que j'ai, si je me sacrifie moi-même, mais pour en tirer gloire et sans avoir l'amour, cela ne me sert de rien. (1 Co 13, 1-3)

c) Nous serons jugés sur l'amour : l'amour que nous aurons eu pour Dieu, l'amour que nous aurons porté à nos frères. Nous serons aussi jugés sur l'amour que nous aurons eu pour nous-mêmes. « Tu aimeras ton prochain comme toi-même », a dit Jésus. (Mt 19, 19)

Si je ne m'aime pas moi-même, je ne peux pas aimer mon prochain comme Dieu veut que je l'aime. Et si je n'aime pas mon prochain comme Dieu le veut, je ne peux pas non plus aimer Dieu comme il veut être aimé.

Temps de réflexion personnelle.

Invitation à se lever.

19. Acclamation

Rendons grâce à Dieu, le Père de Jésus Christ, et bénissons-le de ce qu'il est et de ce qu'il a accompli pour nous.

Répons BÉNI SOIS-TU, SEIGNEUR, DIEU DE TENDRESSE ET D'AMOUR ! (MNA 63.13; p. 369)
ou JE BÉNIRAI LE SEIGNEUR, TOUJOURS ET PARTOUT (X 1; CN 1, p. 302; MNA 63.15, p. 369)

— Pour être un Dieu qui nous aime, Seigneur, nous te bénissons.

— Pour être un Dieu qui nous a aimés assez pour nous donner ton Fils, Seigneur, nous te bénissons.

— Pour être un Dieu qui a consenti à ce que son Fils se donne par amour, Seigneur, nous te bénissons.

— Pour être un Dieu qui aime d'un amour qui éclaire et qui réconforte, Seigneur, nous te bénissons.

— Pour être un Dieu qui aime d'un amour qui confirme notre liberté, Seigneur, nous te bénissons.

— Pour être un Dieu qui aime d'un amour qui libère et qui sauve, Seigneur, nous te bénissons.

Prolongement musical.

Le président peut inviter les membres de l'assemblée à venir saluer ou toucher la croix.

V. Conclusion

20. Prière

Dieu de Jésus Christ,
Dieu d'Abraham, d'Isaac et de Jacob,
Dieu de puissance et de tendresse,
Dieu qui aimes les petits et les humbles,
Dieu des affligés et des mourants,
Dieu qui n'as pas retenu près de toi ton Fils
mais l'as envoyé parmi nous,
Dieu qui donnes la paix et apportes la joie,
Dieu, lumière du monde et espérance du monde,
en te remerciant de t'être fait connaître à nous,
nous te prions de nous rapprocher de toi
et de faire de nous les témoins de ta présence au cœur du monde.
Accueille cette demande par Jésus, ton Fils,
mort pour nous délivrer de la mort
et ressuscité pour que nous ressuscitions avec lui.
À lui, à Toi et à l'Esprit Saint,
toutes nos louanges et tous nos chants,

toutes nos actions de grâces et toutes nos acclamations,
pour les siècles des siècles. — Amen.

21. Bénédiction finale

Que Dieu vous bénisse.
Qu'il vous garde dans l'amour.
Qu'il vous apprenne à aimer comme le Christ vous aime.
Qu'il soit votre réconfort dans l'épreuve.
Qu'il soit votre force dans la tentation.
Qu'il augmente votre foi.
Qu'il vous protège de la désespérance.
Qu'il soit en vous à toute heure du jour.
Qu'il vous donne de ne jamais l'abandonner,
de ne jamais le renier,
de ne jamais rougir de son Fils.

Que Dieu Tout-Puissant vous bénisse,
le Père, le Fils et le Saint-Esprit. — Amen.

Signe de croix tracé lentement sur les membres de l'assemblée.

Allez vivre dans la paix et dans l'amour du Christ.
— Nous rendons grâce à Dieu.

Il est ressuscité

Placer dans le chœur l'image/icône du Christ et la croix qu'on aura largement fleurie. Bien éclairer les deux symboles et placer près d'eux un trépied destiné à porter le cierge pascal.

Musique d'ambiance (air pascal).

I. Ouverture

1. *Introduction au chant d'ouverture (animateur)*

Nous sommes ensemble pour célébrer un vivant, le Christ Jésus, qui est ressuscité comme il l'avait promis. Acclamons-le.

2. *Chant*

SEIGNEUR JÉSUS, TU ES VIVANT (J 16; MNA 35.85, p. 270)

Entrée des ministres avec le cierge pascal et le Livre.

Le président ferme le cortège.

3. *Bénédiction initiale*

Que le Seigneur Jésus,
ressuscité le premier jour de la semaine,
soit avec vous. — Et avec votre esprit.

C'est vrai, le Christ est vivant. On l'avait mis à mort, mais il est ressuscité. Il est apparu à Marie de Magdala et à l'autre Marie qui étaient allées visiter le tombeau, à l'aube du premier jour de la semaine. L'évangile l'affirme et nous le croyons.

SEIGNEUR JÉSUS, TU ES VIVANT ! EN TOI LA JOIE ÉTERNELLE !

C'est vrai, le Christ est vivant. Ceux qui avaient été chargés de garder son tombeau ont failli à la tâche, ils n'ont pas pu le retenir dans la mort. Les femmes sont allées le dire à Simon-Pierre et à Jean. Eux, ils sont venus au tombeau et ils ont vu. Ils ont vu qu'il n'était plus là. Alors ils ont cru, eux qui, jusqu'à ce moment-là, n'avaient pas compris qu'il allait ressusciter d'entre les morts. Nous le croyons nous aussi: le Christ est ressuscité.

Refrain

SEIGNEUR JÉSUS, TU ES VIVANT...

C'est vrai, le Christ est vivant. Il est apparu à Cléophas et à son ami qui avaient quitté Jérusalem et se dirigeaient vers Emmaüs. Il est apparu aux Onze, alors que Thomas n'était pas avec eux. Il leur est apparu une autre fois, alors que Thomas était présent. Il est même apparu à plus de cinq cents frères; saint Paul l'affirme et nous le croyons.

Refrain

SEIGNEUR JÉSUS, TU ES VIVANT...

Invitation à s'asseoir.

Pièce d'orgue.

II. Première partie : le témoignage de Pierre

4. *Introduction à la lecture*

Si quelqu'un vient nous dire: «Prouve-moi que le Christ est ressuscité», il nous faut lui répondre qu'il n'existe aucune preuve de la résurrection. La résurrection est un acte de Dieu auquel on croit; elle n'est pas un fait que l'on prouve.

Les premiers disciples à qui Jésus est apparu ont cru à sa résurrection; puis ils ont témoigné de ce qu'ils avaient vécu. Nous recueillons encore aujourd'hui leur témoignage que les Écritures nous ont conservé. Ces vieux textes ne prouvent pas la résurrection, mais ils nous aident à y croire à la suite de millions de gens qui y ont cru avant nous.

Écoutons un passage des Actes des Apôtres. Il nous dit comment l'apôtre Pierre annonça la résurrection de Jésus à ses concitoyens et à ceux qui étaient de passage à Jérusalem, le jour de la Pentecôte.

5. *Lecture*

ACTES 2, 14-15.22-25.28-32

Pierre s'avança et prit la parole;
les Onze étaient avec lui.
Il cria:
«Écoutez donc, amis Juifs
et vous tous qui êtes de passage à Jérusalem,
j'ai quelque chose à vous apprendre.
Ne pensez pas que nous avons bu:
il n'est encore que neuf heures du matin. [...]

Hommes d'Israël, écoutez bien ces paroles:
Dieu avait accrédité au milieu de vous
un homme, Jésus de Nazareth.
Dieu lui avait donné de faire au milieu de vous des
miracles,
des choses étonnantes et des signes,
vous le savez tous.
Cependant vous l'avez livré,
vous l'avez fait supplicier et mourir par la main des païens;
cela répondait à un plan de Dieu
qui d'avance avait prévu cela.
Mais Dieu l'a délivré des douleurs de la mort
et l'a ressuscité:
le royaume des morts ne pouvait pas le garder.

Voyez ce que David dit à son sujet:
Je garde toujours le Seigneur devant mes yeux,
s'il se tient à ma droite, qui pourra m'ébranler? [...]
Tu me feras connaître le chemin de la vie,
une plénitude de joie en ta présence.

Frères, je n'ai pas besoin de vous prouver
que notre patriarche David est mort
et qu'il a été enterré;
son tombeau est toujours là chez nous.
Mais il était prophète:
Dieu lui avait juré
qu'un fils de son sang régnerait sur son trône et,
sachant cela,
quand il parlait de ne pas rester au pouvoir de la mort
et de ne pas connaître la corruption de sa chair,
il avait en vue la résurrection du Messie.

C'est ainsi que Dieu a ressuscité Jésus:
nous en sommes tous témoins.
Une fois élevé à la droite de Dieu,
Jésus a reçu du Père le don qu'il promettait,
c'est-à-dire l'Esprit Saint, et il l'a répandu:
c'est ce que vous venez de voir et d'entendre.»

Moment de silence.

6. Réflexions

Le président peut inviter les participants à s'exprimer sur le passage qu'ils viennent d'entendre en disant ce qu'ils en ont retenu, comment ce passage nourrit leur foi, etc.

Il peut par la suite présenter ses propres réflexions.

a) Saint Pierre prend ses précautions. «Ne pensez pas que nous avons bu», leur dit-il. Il est conscient que ce qu'il va proclamer n'est pas facile à recevoir, pas facile à croire.

Qu'un homme ressuscite, voilà de l'inédit, de l'absolument imprévisible, de l'incroyable!

b) Pierre ne donne pas de preuves de la résurrection du Christ; il la présente comme un fait qui se situe dans le projet de Dieu. Elle est le couronnement de ce qui a été annoncé. Elle est la réalisation plénière des prophéties.

Pour aider ses deux disciples à réaliser que c'est bien lui qui marche avec eux vers Emmaüs, Jésus utilise également ce procédé. «Hommes sans intelligence, leur dit-il, que vous êtes lents à croire ce qu'ont dit les prophètes!» (Lc 24, 25)

L'Écriture est un point de référence indispensable pour découvrir le plan de Dieu sur nous, sur l'Église, sur le monde. C'est pourquoi l'Église la lit chaque dimanche et chaque fois qu'elle célèbre une liturgie. Nous devrions lire et méditer personnellement l'Écriture aussi souvent que possible: une page par jour, par exemple.

c) Pierre ne s'adresse pas qu'à ses concitoyens mais à tous ceux qui sont à Jérusalem.

La Bonne Nouvelle de la résurrection n'est pas pour un petit groupe seulement. Elle doit être annoncée jusqu'au bout du monde parce qu'elle concerne tous ceux qui habitent sur terre.

Survenue à un moment donné de l'histoire, la résurrection de Jésus embrasse tous les temps. Le Christ est un sauveur universel.

L'Église a reçu la mission de le dire, de le chanter, de le crier. Chacun pour notre part, nous avons à proclamer la résurrection du Christ. Comment pouvons-nous le faire?

De nouveau, le président peut recueillir les réflexions des participants. Sinon, il présente quelques pistes.

Les apôtres ont témoigné par la prédication, mais aussi par leurs gestes (guérisons de malades, partage et mise en commun de leurs biens, etc.).

Importance de témoigner dans le quotidien par la qualité de la vie que l'on mène. De sorte que jaillissent des questions: D'où vient que cette personne puisse aimer autant? partager aussi généreusement ses biens? pardonner avec tant de générosité?...

III. Deuxième partie : pour ressusciter avec le Christ

7. *Introduction à la lecture*

Quand nous récitons ensemble le symbole des apôtres, nous affirmons que « le troisième jour », le Christ « est ressuscité des morts ». Mais notre profession de foi ne s'arrête pas là. Nous proclamons en plus que nous croyons « à la sainte Église catholique, à la communion des saints, à la rémission des péchés, à la résurrection de la chair ». Si le Christ est ressuscité, nous ressusciterons nous aussi, voilà ce que nous croyons. Pour qu'il en soit ainsi, il nous est cependant demandé, à nous qui sommes disciples du Christ, de nous engager sur le chemin qui l'a lui-même conduit à la résurrection. C'est ce que saint Paul explique dans la lettre qu'il a adressée aux Philippiens.

8. *Lecture*

PHILIPPIENS 2, 5-11

Que l'on trouve en vous
le même projet que chez le Christ Jésus :
Lui qui jouissait de la nature divine,
il n'a pas cherché à défendre son égalité avec Dieu,
mais il s'est vidé de lui-même ;
il a pris une nature d'esclave,
et il a été tout comme les humains.
Et quand il s'est trouvé dans cette condition humaine,
il s'est rabaissé lui-même,
il s'est fait obéissant jusqu'à la mort, la mort de la croix.
C'est pourquoi Dieu l'a élevé
et lui a donné le Nom qui passe tout autre nom
afin qu'au Nom de Jésus tout genou fléchisse
au ciel, sur terre, et en bas chez les morts,
et que toute langue proclame :
« Jésus Christ est Seigneur ! »
pour la gloire de Dieu le Père !

9. Réflexions

a) Dans le livre d'Isaïe, nous lisons ceci — et c'est Dieu qui parle : «Mes pensées ne sont pas vos pensées, et vos chemins ne sont pas mes chemins. Autant le ciel est élevé au-dessus de la terre, autant mes chemins sont élevés au-dessus des vôtres, et mes pensées au-dessus de vos pensées.» (Is 55, 8-9)

Que c'est vrai ! Voyez : pour être élevé, le Christ doit s'abaisser, pour vivre à jamais il doit consentir à la mort, pour vivre dans la lumière éternelle il doit avancer sur une route enténébrée.

Nous savons cela. On nous l'a dit tant de fois. Puissions-nous le croire au point de vouloir vraiment faire route avec lui.

b) Les mots qu'utilise saint Paul sont extrêmement forts : «Il n'a pas cherché à défendre son égalité avec Dieu, il s'est vidé, il a pris une nature d'esclave.»

Il était en haut, il s'est mis en bas... à la dernière place. Il était riche, il s'est fait pauvre... le plus pauvre parmi les pauvres. Il possédait tout, il a voulu ne plus rien avoir à lui, pas même un lieu «où reposer sa tête» (Mt 8, 20). Il était le maître, il s'est fait serviteur... plus que serviteur : il s'est fait esclave.

Tout cela volontairement. Rien de forcé, rien d'obligatoire, mais un choix de sa part. Pour que nous aussi nous ressuscitions un jour. Pour que nous aussi nous entrions un jour dans le Royaume de son Père. Pour qu'un jour, nous soyons là où il est : dans la lumière qui ne s'éteint plus, dans la vérité qui repousse tout mensonge, dans la paix qui évacue toute crainte, dans la joie qui fait oublier tous les pleurs de toute une vie.

Temps de réflexion personnelle.

10. Remise de la lumière

Si possible, on remet aux participants de petits cierges allumés au cierge pascal. Ces cierges ne seront éteints qu'au terme de la célébration.

11. Lecture et chant

Musique de SOUVIENS-TOI DE JÉSUS CHRIST (I 45; LF n° 482, p. 196; CN 1, p. 191; MNA 35.44, p. 258)

Chant du refrain SOUVIENS-TOI...

Texte lu sur fond musical :

Par le baptême dans la mort du Christ,
nous avons été mis en terre avec lui,
et de même que le Christ a été ressuscité d'entre les morts
par la toute-puissance du Père,
de même nous aussi nous commençons une vie nouvelle.
(Rm 6, 4)

Chant du refrain SOUVIENS-TOI...

Texte lu sur fond musical :

Une chose est sûre :
si nous souffrons avec lui, avec lui nous vivrons ;
si nous supportons avec lui, avec lui nous serons rois.
(2 Tm 2, 11)

Chant du refrain SOUVIENS-TOI...

12. Intercession

Le Christ Jésus a fait de nous des êtres de lumière. Nous sommes membres de son corps. Déjà, nous participons à sa résurrection et à sa gloire. Déjà, dit saint Paul, nous sommes ressuscités avec lui (Col 2, 12). Prions donc le Christ avec confiance. Demandons son aide pour suivre jusqu'au bout le chemin de résurrection qu'il a tracé pour nous.

Répons   Ô CHRIST RESSUSCITÉ, EXAUCE-NOUS (MNA 35.32, p. 256)
ou EXAUCE-NOUS, SEIGNEUR DE GLOIRE ! (MNA 35.31 ; p. 256)

— Toi qui es le premier-né d'entre les morts, donne-nous ta vie en abondance, nous t'en prions.

— Toi qui as vaincu définitivement la mort, fais-nous vivre éternellement, nous t'en prions.

— Toi qui n'as pas revendiqué ton droit de demeurer l'égal du Père, apprends-nous à devenir humbles comme toi, nous t'en prions.

— Toi qui as vaincu le mal, déracine de nos cœurs tout ce qui n'est pas inspiré par l'amour, nous t'en prions.

— Toi qui es le Fils bien-aimé du Père, apprends-nous à aimer comme toi, nous t'en prions.

— Toi qui es le prince de la vie, fais-nous vivre pour nos frères et pour toi, nous t'en prions.

— Toi qui es notre pâque, fais de notre vie un passage vers Dieu avec toi, nous t'en prions.

Le président :

Jésus ressuscité, sois notre lumière.
Jésus ressuscité, sois notre route.
Jésus ressuscité, sois notre ultime espérance.
Jésus ressuscité, sois notre force.
Jésus ressuscité, sois notre guide.
Jésus ressuscité, sois notre unique pasteur.
Jésus ressuscité, entraîne-nous sur le chemin de la Pâque,
entraîne-nous sur le chemin de la vie.
Nous te le demandons humblement,
à toi qui es mort,
qui as été ramené à la vie
et qui vis maintenant dans la gloire,
auprès de ton Père,
pour les siècles des siècles. — Amen.

V. Conclusion

13. Chant

LE SEIGNEUR EST RESSUSCITÉ (I 13; LF n° 491, p. 202; CN 1, p. 187; MNA 35.81, p. 268)
ou TU AS TRIOMPHÉ DE LA MORT (ILH 165; MNA 35.61, p. 264 — I 229/1; CN 4, p. 167)

Durant ce chant, la procession de sortie s'organise. Puis elle se met en branle quand débute le dernier couplet. En première place, le cierge pascal; à sa suite la croix. Puis viennent les ministres.

Il est le Seigneur du ciel et de la terre

L'image/icône du Christ est placée dans le chœur. Près d'elle, le cierge pascal allumé, puis plusieurs autres cierges qui ne sont pas encore allumés.

Musique d'orgue.

Les ministres font leur entrée.

I. Ouverture

1. Salutation et introduction au chant d'ouverture

Au nom du Père...
Béni soit le Christ qui est remonté vers son Père
et siège éternellement à sa droite.
Qu'il soit toujours avec vous.
— Et avec votre esprit.

Joyeuse musique d'orgue durant laquelle les cierges placés près de l'image/icône du Christ sont allumés.

Le Christ, qui a souffert, est ressuscité. Après sa résurrection, il est apparu durant quarante jours à des disciples pour les convaincre qu'il était bel et bien revenu à la vie. Au terme de ces quarante jours, il est retourné auprès de son Père. Saint Luc raconte comment cela se passa.

Jésus conduisit ses disciples jusque vers Béthanie.
Là, il éleva les mains et les bénit;
et tandis qu'il les bénissait il s'éloigna d'eux,
emporté dans le ciel.
Ils se prosternèrent devant lui.

Puis ils revinrent à Jérusalem en grande joie,
et sans cesse ils étaient dans le Temple à louer Dieu.

(Lc 24, 50-53)

Nous sommes ici pour louer Dieu nous aussi. Louons-le pour tous ses hauts faits; louons-le pour son Fils, vainqueur de la mort; louons-le d'avoir glorifié Jésus, son bien-aimé, notre sauveur.

2. *Chant psalmique*

Antienne TERRE ENTIÈRE, ACCLAME DIEU, CHANTE LE SEIGNEUR ! (MNA p. 38)
ou TOUS LES PEUPLES, BATTEZ DES MAINS !ACCLAMEZ DIEU PAR VOS CRIS DE JOIE ! (MNA p. 32)

Versets (récités ou psalmodiés)   PSAUME 14

Je veux t'exalter, mon Dieu et mon roi,
je bénirai ton nom toujours et à jamais.
Chaque jour je te bénirai
et je louerai ton nom, toujours et à jamais. — Antienne

Le Seigneur est grand, très digne de louange,
sa grandeur passe toute mesure.
Chaque âge raconte au suivant tes œuvres,
l'un à l'autre redit tes exploits.

Je veux chanter tes œuvres merveilleuses,
et rehausser la gloire de ta louange,
pour que l'on dise ta puissance en tes prodiges,
et qu'on fasse le compte de tes grandeurs. — Antienne

Que tes œuvres te louent, Seigneur,
et que tes fidèles te bénissent.
Qu'ils proclament la gloire de ton règne
et nous redisent tes exploits.
Qu'ils fassent connaître aux hommes ta vaillance,
et la gloire, et l'honneur de ton règne.

Que ma bouche proclame la louange du Seigneur
et que toute chair bénisse son saint nom
toujours et à jamais! — Antienne

Invitation à s'asseoir.

II. Première partie: il a été intronisé dans la gloire

3. *Introduction à la lecture*

Depuis son ascension, le Christ vit dans la gloire, auprès de son Père. Ce n'est cependant pas très souvent que cette présence dans la gloire fait l'objet de notre attention. Nous sommes habituellement plus attentifs à la présence du Christ au milieu de nous.

Aujourd'hui, c'est cependant la présence du Ressuscité auprès de son Père que nous sommes invités à contempler. Nous ne sommes pas démunis pour le faire, car quelques textes du Nouveau Testament nous parlent de la situation du Christ dans la gloire. Écoutons d'abord les premiers versets de l'épître aux Hébreux.

4. *Lecture*

HÉBREUX 1, 1-9

Dieu, dans le passé, avait parlé à nos pères
à bien des reprises et de bien des façons
par les prophètes,
mais en ces jours qui sont les derniers,
il nous a parlé par le Fils.
C'est par lui que Dieu a disposé les temps de la création,
et c'est lui que Dieu a fait le destinataire de toutes choses.
Il est l'irradiation de la Gloire de Dieu
et l'expression de son être le plus profond.
Lui qui soutient toutes choses par la force de sa parole,
il a effectué la purification des péchés,
après quoi il est allé siéger à la droite du Dieu de Grandeur,
dans les cieux.
Il est donc maintenant très supérieur aux anges,
exactement comme le nom qu'il a reçu
est tout différent du leur.

À qui parmi les anges Dieu a-t-il jamais dit :
Tu es mon Fils,
aujourd'hui je t'ai donné la vie?

Ou encore :
Je serai pour lui un Père
et il sera pour moi un fils?

Quand il introduit dans le monde le Premier-né, il dit :
Que tous les anges de Dieu l'adorent.

Pour les anges on dit :
Dieu a fait ses anges comme des esprits,
ses fonctionnaires sont comme des flammes de feu.

Pour le Fils, par contre, on dit :
Ton trône, ô Dieu, est là pour tous les siècles,
et ton règne est celui de la justice.
Tu aimes le bien et tu détestes le mal,
c'est pourquoi Dieu, ton Dieu,
t'a donné ce qu'il n'a pas donné à tes semblables :
la consécration royale en un jour de fête.

5. Réflexions

a) Nous ne sommes pas habitués à la lecture de textes semblables. Au premier abord, ils nous déconcertent.

Celui que nous venons d'entendre vient nous rappeler jusqu'à quel point le Christ est au-dessus de toutes les créatures de Dieu. Il dépasse même — et de beaucoup — les anges que la bible considère comme messagers de Dieu et porteurs de bonnes nouvelles auprès des hommes.

b) Quelques expressions sont à remarquer; elles évoquent la situation exceptionnelle dans laquelle le Christ se trouve depuis son retour vers son Père.

En entrant dans la gloire, il a été consacré roi.

La place qu'il tient auprès de lui est unique, elle est la meilleure : il siège à la droite de son Père.

Auprès de son Père, le Christ n'adore personne; mais tous l'adorent.

C'est qu'il est le Fils de Dieu. Dans la foi, nous proclamons qu'il est l'égal de Dieu. Dieu comme lui !

Jésus, devenu Seigneur par sa résurrection, est à jamais le Seigneur du ciel et de la terre.

Ce qui était caché en lui depuis son incarnation a été révélé depuis sa résurrection. Nous savons maintenant qui il est. Le mystère, inscrit dans le cœur de Dieu depuis toujours, est maintenant révélé pour toujours.

c)   Sans jamais nous détacher de la terre, sans jamais déserter nos responsabilités d'ici-bas, nous avons à fixer souvent le regard sur le terme de la route sur laquelle nous marchons.

Le terme, c'est le Royaume où le Christ habite et où il siège auprès de son Père. Un jour, nous serons près de lui. Jésus l'a promis : «Je m'en vais vous préparer une place.» (Jn 14, 2)

Notre dernière demeure, c'est là où resplendit la gloire de Dieu. C'est là où le chœur des anges chante la majesté, la toute-puissance, la bonté, la générosité et la splendeur de Dieu qui est Père, Fils et Esprit Saint.

La maison où nous serons éternellement heureux, c'est celle où ont déjà pris place tous ceux et celles qui ont cru au Christ et ont marché à sa suite. Saints et saintes de tous les temps, saints et saintes de l'ancienne et de la nouvelle alliance, hommes de bonne volonté qui ont cherché Dieu et accompli le bien. Ils sont dans la gloire et chantent les merveilles du Dieu trois fois saint. Chantons avec eux.

Invitation à se lever.

6. Chant psalmique

Antienne   ALLÉLUIA, LOUEZ LE SEIGNEUR;
ALLÉLUIA, ALLÉLUIA! (MNA p. 90)
ou PEUPLE DE DIEU,
CÉLÈBRE TON SEIGNEUR

ALLÉLUIA! ALLÉLUIA! (MNA p. 93)
ou TOUS LES PEUPLES BATTEZ DES MAINS!
ACCLAMEZ DIEU PAR VOS CRIS DE JOIE! (MNA p. 32)

Versets (psalmodiés ou récités)   PSAUME 150

Louez Dieu dans son sanctuaire,
à la voûte du ciel, louez sa force!
Louez-le pour ses hauts faits,
louez-le autant qu'il est grand!

Louez-le par l'éclat du cor,
louez-le sur la harpe et la cithare,
louez-le de vos tambourins à la danse,
louez-le sur le luth et la flûte.

Louez-le avec les cymbales sonores,
louez-le avec les cymbales de fanfare!
Vous tous qui avez souffle et vie, louez le Seigneur!

Invitation à s'asseoir.

Long moment de méditation personnelle, soutenu par une musique de contemplation, si cela est possible.

III. Deuxième partie: il intercède pour nous

7. *Introduction à la lecture*

Le Christ vit maintenant à la droite du Père. Près de lui, tous les sauvés lui adressent leurs louanges et leurs actions de grâce. Mais, recevoir des louanges et accueillir des actions de grâce, est-ce tout ce que le Christ fait dans le ciel? N'est-il auprès de son Père que pour être honoré et acclamé? Écoutons la réponse qu'apporte à cette question l'épître aux Hébreux.

8. Lecture

HÉBREUX 8, 1-6

Pour résumer ce que nous avons dit,
nous avons un grand prêtre
qui siège à la droite du Dieu de Grandeur dans les cieux.
Il a la charge du Sanctuaire et de la vraie Tente
que le Seigneur lui-même a plantée et non les hommes.
Un grand prêtre est ordonné
pour offrir des dons et des sacrifices;
donc lui aussi doit avoir quelque chose à offrir.
Sur terre Jésus ne serait même pas prêtre,
puisque d'autres offrent les sacrifices selon la Loi.
Mais leur liturgie n'est que la figure et l'ombre
des choses surnaturelles,
comme il a été dit à Moïse
quand il devait réaliser la Tente:
Regarde et fais tout selon le modèle
qui t'a été montré sur la montagne.

Mais lui (le Christ), son service liturgique est bien
supérieur,
car il est le médiateur d'une bien meilleure alliance
qui nous promet des choses beaucoup plus élevées.

9. Réflexions

a) Avant la venue du Christ sur terre, les prêtres étaient nombreux,
et nombreux étaient les sacrifices qu'ils offraient à Dieu. Mais
ces sacrifices ne parvenaient jamais à réconcilier pleinement
l'humanité avec Dieu.

Quand le Christ est venu, il a offert un sacrifice parfait. Il s'est
offert lui-même en sacrifice.

Son sacrifice a été pleinement agréé par Dieu son Père. Le
Christ est ainsi devenu l'unique grand prêtre capable de réconcilier l'humanité avec Dieu.

En offrant de multiples sacrifices, les prêtres de l'Ancienne Alliance renouvelaient et multipliaient les alliances de Dieu avec son peuple.

Le Christ, par le don de soi qu'il a généreusement et librement fait, a établi, a scellé entre le peuple et Dieu une alliance nouvelle, qui n'a pas à se répéter puisqu'elle est éternelle.

b) Ce que le Christ a accompli une fois pour toutes sur terre... cette offrande de soi qu'il a faite sur la croix, il la continue dans la gloire, auprès de son Père.

Le Christ qui s'est offert une fois — et une fois pour toutes —, demeure à jamais en état d'offrande et en état d'intercession à la droite du Père. L'offrande qu'il a faite sur la croix n'est pas multipliée, comme si elle n'avait pas suffi, comme si elle avait été imparfaite; mais elle est gardée vivante. Elle perdure éternellement, parce que, dans l'éternité, le Christ demeure en état d'offrande et d'intercession.

c) Quand nous célébrons l'Eucharistie, nous n'ajoutons rien au sacrifice du Christ, mais son sacrifice unique, nous le rendons présent au milieu de nous.

Quand nous célébrons l'Eucharistie, le Christ glorieux est là au milieu de nous. C'est lui qui offre, nous offrons avec lui. C'est lui qui s'offre, nous nous offrons avec lui. C'est lui qui prie, nous prions avec lui.

L'Eucharistie nous rappelle la croix et elle nous unit à l'actualité du sacrifice céleste.

Au cœur de l'Eucharistie, après qu'ont été prononcées les paroles du Christ sur le pain et sur le vin, celui qui préside proclame: «Il est grand le mystère de la foi.» Parole d'émerveillement devant ce qui nous dépassera toujours, mais qui demeure un des plus grands dons de Dieu. Que c'est vrai! Qu'il est grand ce mystère qui nous fait ainsi communier déjà à des réalités dont nous jouirons éternellement.

« Si tu connaissais le don de Dieu ! » dit Jésus à la Samaritaine.
Il n'est pas erroné d'appliquer cette parole à l'Eucharistie.

Temps de réflexion personnelle.

Invitation à se lever.

10. Intercession

Unis au Christ qui intercède sans cesse auprès du Père, prions maintenant pour nous, pour l'Église et pour l'humanité entière.

Répons   SEIGNEUR, NOUS TE PRIONS (*Chanté*)

Pour que vienne ton règne...
Pour que ton Nom soit sanctifié...
Pour que la Bonne nouvelle de l'évangile soit
partout annoncée...
Pour qu'aux pécheurs, la grâce de la conversion
soit accordée...
Pour que cessent les guerres...
Pour que ceux qui confessent ton Nom le fassent avec courage...
Pour que ceux qui témoignent du Christ le fassent dans la joie...
Pour que ta Parole soit une lumière au milieu des nations...
Pour qu'elle parvienne à toute créature...
Pour que le travail des témoins du Christ porte beaucoup de fruit...

Moment d'arrêt.

Pour que l'Église soit fidèle à la foi des apôtres...
Pour qu'elle soit lumière au milieu des nations...
Pour qu'elle ait le courage de se convertir...
Pour qu'elle compatisse à toute souffrance...
Pour qu'elle partage les joies et les blessures de tous...
Pour qu'elle se porte à la défense des plus abandonnés...
Pour qu'elle sache te rendre grâce à toute heure du jour...
Pour qu'elle soit servante et pauvre...
Pour qu'elle soit audacieuse et compatissante...
Pour qu'elle soit porteuse d'espérance, quoi qu'il arrive...
Pour que ceux qui la dirigent le fassent dans la force et la

sagesse de l'Esprit...
Pour qu'il n'y ait bientôt qu'une seule Église...

Moment d'arrêt.

Pour que nous fassions de notre vie une offrande à ta gloire...
Pour que nous ayons la force de pardonner...
Pour que nous soyons des artisans de paix...
Pour que jamais nous ne rougissions du Christ...
Pour que croisse en nous l'esprit de prière...
Pour que grandisse notre soif d'implanter partout la justice...
Pour que nous soyons solidaires des pauvres....
Pour que nos mains osent davantage partager...
Pour que nos cœurs sachent mieux aimer...
Pour que nos regards voient partout tes merveilles...
Pour que nos paroles apportent le réconfort et la vie...
Pour que la grâce nous soit donnée de vivre notre pâque...

Moment d'arrêt.

V. Conclusion

11. Introduction au chant final

Frères et sœurs, nous venons de contempler le Christ qui intercède pour nous auprès de son Père.

À cause de ce qu'il a vécu, en raison de ce qu'il est devenu dans la force de l'Esprit, nous devons demeurer des hommes et des femmes d'avenir, des hommes et des femmes d'espérance.

Être disciples du Christ, c'est croire à l'amour, même quand la haine semble plus forte que l'amour; c'est chanter les merveilles de Dieu, même quand, sur terre, on souffre et on meurt. Être disciples du Christ, c'est être hommes et femmes d'espérance à toute heure, même quand le malheur frappe dur sur nous et autour de nous. Être disciples du Christ, c'est demeurer «tournés vers l'avenir», quoi qu'il arrive.

12. Chant final et envoi

Faire entendre la musique du chant TOURNÉS VERS L'AVENIR (K 238)

Chanter le refrain, le 1er couplet («Espérer des matins d'évangile...»), puis de nouveau le refrain.

Le président prononce ensuite quelques phrases d'envoi.

Allez annoncer Jésus Christ autour de vous.
Annoncez-le par vos paroles,
annoncez-le par vos actes,
annoncez-le par toute votre vie.
Vous avez été baptisés pour être partout les témoins du Christ.

Reprise du chant (avec le couplet 2 : «Espérer un printemps pour l'Église...»)

Allez être des semeurs de lumière et de paix,
allez dire à tous qu'ils sont de la famille de Dieu,
allez dire que personne n'est voué à la mort,
allez dire que le Dieu de Jésus Christ est le Dieu des vivants.

Reprise du chant (avec le couplet 3 : «Espérer le grand vent de ton souffle...»)

13. Bénédiction finale

Et que le Dieu de tout amour et de toute tendresse vous bénisse,
le Père, le Fils et le Saint-Esprit. — *Amen.*

Allez... allez dans la paix et dans la joie du Christ.
— Nous rendons grâce à Dieu.

Musique de sortie. Si possible, une improvisation sur le thème musical de TOURNÉS VERS L'AVENIR..

Il est l'unique sauveur du monde

Bien éclairée, l'image/icône du Christ est placée sur l'autel.
On peut aussi entrer en procession en la portant.

I. Ouverture

Musique d'ambiance durant l'entrée des ministres qui, arrivés dans le chœur, se placent de manière à saluer ensemble l'autel et l'image du Christ.

1. Salutation et bénédiction initiale

Au nom du Père...
Béni soit Dieu le Père, créateur du ciel et de la terre.
Il veut sauver toutes ses créatures.
— Gloire à toi, dans les siècles. (*Chanté; D 94; MNA 61.30, p. 366*)

Béni soit Jésus, le Christ.
Il est venu sur terre pour nous sauver.
— Gloire à toi...

Béni soit l'Esprit Saint, souffle du Père et souffle du Christ.
Il nous communique le salut.
— Gloire à toi...

2. Introduction au chant

Depuis le début de l'année, nous nous réunissons afin de préparer dès maintenant la venue du troisième millénaire.

Répondant à une invitation que le pape Jean-Paul II a adressée à toute l'Église, nous avons relu et médité des textes de l'Écriture qui nous parlent du Christ.

Nous allons clore aujourd'hui notre réflexion sur le Christ en fixant notre attention sur une affirmation, tirée de l'épître aux Hébreux, que le pape juge centrale. « Jésus Christ, écrit l'auteur de cette épître, est l'unique sauveur du monde, hier et aujourd'hui. » (He 13, 8)

Jésus est le sauveur du monde. Il est l'unique sauveur du monde. Avec les apôtres et avec tous ceux qui leur ont succédé, unis à tous les croyants et à toutes les croyantes qui vivent auprès de leur sauveur, avec tous les membres de l'Église de notre temps, professons que le Christ est vraiment notre sauveur, notre unique sauveur.

3. Acclamation

Soliste   C'EST TOI, SEIGNEUR, LE SAUVEUR DU MONDE !
          (MNA 33.27, p. 201)

Seigneur Jésus, tu es venu dans le monde non pas pour être servi mais pour servir. Tu as aimé les pauvres et les malades, les pécheurs et les désespérés. C'est d'abord pour eux que tu es venu. Tu es leur libérateur et leur sauveur. Nous le proclamons.

— C'est toi, Seigneur...

Seigneur Jésus, on t'a suspendu au bois de la croix et on t'a fait mourir. Mais Dieu t'a relevé et fait asseoir à sa droite. C'est toi le sauveur d'Israël et le sauveur du monde. Nous le proclamons.

— C'est toi, Seigneur...

Seigneur Jésus, tu as donné ta vie pour nous sauver de la mort, tu as porté notre péché pour que nous en soyons délivrés, tu as étendu les bras sur la croix pour que nous soyons réconciliés entre nous et avec ton Père. Tu es notre unique sauveur. Nous le proclamons.

— C'est toi, Seigneur...

Invitation à s'asseoir.

II. Première partie: Jésus est le sauveur

4. Présentation et lecture
d'un extrait du Nouveau Testament

Dans le Nouveau Testament, le mot sauveur n'est pas celui qu'on utilise le plus souvent pour désigner le Christ. Rappelons-nous quelques textes où l'on trouve ce mot sauveur.

Dans l'évangile de saint Luc, on trouve ce mot dans la bouche de l'ange s'adressant aux bergers dans la nuit où Jésus est né.

Ne craignez pas, (leur dit-il),
c'est une bonne nouvelle que je vous apporte,
et qui fera la joie de tout le peuple.
Aujourd'hui, dans la ville de David vous est né un Sauveur.
C'est le Messie, le Seigneur.
Et voici son signalement:
vous trouverez un nourrisson
emmailloté et déposé dans une mangeoire. (Lc 2, 10-12)

Moment de silence.

5. Réflexions

a) Le Messie, appelé sauveur, naît dans la ville de David. Il est donc ce Messie depuis longtemps annoncé et longtemps espéré par le peuple de Dieu. Il vient accomplir les promesses de libération si souvent proclamées.

b) Il naît dans une mangeoire — signe de pauvreté, d'humilité, de discrétion. Il ne sera pas sauveur à la manière de ceux qui se présentent avec fracas, forts de la force des armées. Le Christ sera sauveur, mais pas en conquérant des territoires et en imposant sa volonté. Il le sera en donnant sa vie, en se donnant lui-même comme nourriture. Il est né dans une mangeoire... pour être nourriture!

Moment de réflexion personnelle.

6. Présentation et lecture
d'un 2ᵉ extrait du Nouveau Testament

Voici un autre texte de saint Luc qui parle du Christ comme d'un sauveur. On le trouve sur les lèvres du vieillard Siméon à qui Jésus vient d'être présenté. Tenant l'enfant dans ses bras, il bénit Dieu en disant:

> Laisse maintenant ton serviteur mourir en paix, Seigneur, comme tu l'as dit,
> parce que mes yeux ont vu ton Sauveur.
> Tu l'as préparé, tu l'offres à tous les peuples,
> lumière qui sera révélée aux nations,
> et gloire de ton peuple Israël. (Lc 2, 29-32)

7. Réflexions

Le sauveur né dans la ville de David n'est pas seulement le sauveur du petit peuple que Dieu s'est choisi. C'est l'humanité entière qu'il vient sauver.

Le salut que Dieu réalise par Jésus est large comme est large son amour. Le désir de Dieu, écrira saint Paul dans la première lettre à Timothée, c'est «que tous les hommes soient sauvés» (2, 4). D'un amour universel et divin ne peut naître qu'une volonté universelle de salut.

8. Présentation et lecture
de deux autres extraits du Nouveau Testament

Voici encore deux brèves citations. On trouve la première dans l'évangile de Luc, de même que dans celui de Matthieu:

> Le Fils de l'homme est venu chercher et sauver
> ce qui était perdu. (Lc 19, 10; Mt 18, 11)

L'autre citation est extraite du livre des Actes des Apôtres. L'apôtre Pierre vient de guérir un infirme; ce qui suscite tout un émoi. Avec les autres apôtres, Pierre est mis en prison. On leur demande avec quelle force ils ont pu accomplir ce geste d'éclat. Rempli de l'Esprit Saint, Pierre prend alors la parole:

Chefs du peuple et Anciens,
on nous demande aujourd'hui des explications
pour avoir guéri un infirme.
Comment a-t-il été rétabli?
Sachez-le tous, et avec vous tout le peuple d'Israël :
c'est grâce au Nom de Jésus de Nazareth,
le Messie que vous avez crucifié
et que Dieu a relevé d'entre les morts.
Il est la pierre dont les constructeurs, c'est-à-dire vous,
n'ont pas voulu,
et qui est devenue la pierre d'angle.
Le salut ne se trouve en aucun autre.
Aucun autre Nom sous le ciel n'a été donné aux hommes
par lequel nous devrions être sauvés. (Ac 4, 9-12)

Moment de réflexion personnelle.

9. Introduction au chant

Le Christ est le sauveur du monde; il est son unique sauveur. Le salut nous a été acquis sur la croix et dans la résurrection de celui qui est devenu Seigneur du monde.

Le salut est acquis et offert, il n'est pas imposé. Il est présenté à des êtres libres qui l'accueillent librement. Implorons le salut; tendons les bras vers le Christ qui sauve.

Invitation à se lever.

10. Chant

Toi qui viens pour tout sauver
(E 68; CN 1, p. 119; MNA 31.60, p. 172)
ou Vers toi terre promise (E 18; CN 1 p. 109)

Invitation à se rasseoir. Bon moment de silence.

III. Deuxième partie: les gestes du salut

11. Introduction à la lecture

Nous affirmons que Jésus est sauveur. Mais qu'est-ce que le salut? De quelle manière le Christ nous sauve-t-il? À quelle condition son salut nous rejoint-il? Plusieurs passages du Nouveau Testament apportent des réponses à ces questions.

La première chose à dire est que Jésus ne peut sauver que ceux qui ont besoin de salut et reconnaissent en avoir besoin. On ne peut sauver de la maladie que ceux qui sont malades. On ne peut sauver de la noyade, de la mort, que ceux qui sont menacés de couler à pic ou de mourir. Les gens en bonne santé, ceux pour qui tout est rose, n'ont pas besoin d'être sauvés. «Ce ne sont pas les bien-portants qui ont besoin d'un médecin, a dit Jésus, mais les malades.» (Mc 2, 17) Il a dit aussi: «Le Fils de l'Homme est venu sauver ce qui était perdu.» (18, 11)

Si je crois ne pas avoir besoin de salut, je ne peux donc pas être sauvé. Si je crois que je peux me tirer d'affaire moi-même, que je peux me sauver moi-même, le Christ ne peut pas être mon sauveur. Il ne sauve personne de force. Il sauve ceux qui ont soif du salut qu'il apporte. Il sauve ceux qui consentent à se laisser sauver.

Voyons maintenant Jésus à l'œuvre. Voyons-le en train d'exercer sa mission de sauveur. Que fait-il? Très souvent, il sauve les personnes en les guérissant. C'est ce qui, un jour, est arrivé à un sourd-muet.

12. Lecture

MARC 7, 31-35

Jésus se déplace:
de la région de Tyr il passe par Sidon et,
longeant la mer de Galilée,
il arrive en territoire de la Décapole.
C'est alors qu'on lui amène un sourd-muet,
en le suppliant pour qu'il lui impose les mains.
Jésus le prend à l'écart de la foule,
il lui met les doigts sur les oreilles,

puis il crache et touche à sa langue.
Alors il lève les yeux vers le ciel et dit en soupirant:
«Effata!», c'est-à-dire: «Ouvre-toi!»
Aussitôt ses oreilles s'ouvrent
et le lien de sa langue se délie:
il commence à parler correctement.

13. Réflexion

Sans supplication, il n'y aurait pas eu de guérison. Le salut, qui est gratuit, est donné à qui l'implore. Nous pouvons implorer notre propre salut, notre propre guérison. Nous pouvons également implorer la guérison et le salut pour les autres: nos proches, toutes les personnes que nous connaissons. Quand nous célébrons l'Eucharistie, nous implorons le salut pour l'humanité entière.

Moment de silence.

14. Introduction à la lecture

Une autre façon, pour Jésus, d'exercer son ministère de sauveur, consista à libérer des personnes de puissances de mort — on disait, à l'époque, de puissances démoniaques — qui les empêchaient de vivre heureuses et libres. Ce fut le cas pour un jeune épileptique. Voici comment saint Marc raconte l'événement.

15. Lecture

MARC 9, 14-29

Un homme dit à Jésus:
«Maître, je t'ai amené mon fils
qui est possédé d'un esprit muet.
Quand il s'empare de mon fils, il le déchire:
l'enfant bave, grince des dents et devient tout raide.
J'ai demandé à tes disciples de le faire sortir,
mais ils n'ont pas été capables.» [...]

«Amenez-le-moi», dit Jésus.
Ils le lui amènent.

À la vue de Jésus, l'esprit secoue l'enfant violemment,
il tombe à terre et se roule en bavant. [...]
Le père prend la parole:
«Si tu peux, viens à notre secours!»

Jésus lui dit:
«Si tu peux...
Mais tout est possible pour celui qui croit!»
Aussitôt le père de l'enfant s'écrie:
«Je crois, mais viens en aide à mon manque de foi!»

Quand Jésus voit que les gens arrivent plus en nombre,
il menace l'esprit impur:
«Esprit muet et sourd, je te l'ordonne:
sors de cet enfant et ne reviens plus jamais!»
À ce moment l'esprit pousse un cri,
secoue violemment l'enfant et sort.

Moment de silence.

16. Réflexions

a) Peu nombreuses sont les personnes possédées par les forces du mal comme l'était le jeune homme dont parle l'évangile. Mais qui peut affirmer qu'il n'y a en lui aucune force négative qui l'empêche d'être pleinement ce qu'il aimerait être? Forces de l'orgueil, de la jalousie, passion de s'enrichir, de dominer les autres, esclavage de la chair...

b) Saint Paul le dira, c'est la foi qui justifie et qui sauve, et non pas les œuvres. Saint Jacques affirme par ailleurs que la foi sans les œuvres est une foi vide et morte (Jc 2, 14). La foi conduit celui qui croit à rejeter les œuvres mauvaises et à pratiquer celles qui sont bonnes. Les œuvres témoignent de l'authenticité de la foi.

c) Nous devons garder devant nos yeux et en nos cœurs la parole de Jésus: «Celui qui croira... sera sauvé; celui qui ne croira pas sera condamné.» (Mc 16,16) Et nous devons prier souvent comme le père du jeune épileptique: «Je crois, mais viens en aide à mon manque de foi!»

Moment de réflexion personnelle.

17. Introduction à la lecture

Le Christ sauve en guérissant les maladies, il sauve en libérant des puissances du mal, il sauve surtout en pardonnant les péchés. Pensons simplement à la façon dont il pardonne à la femme adultère.

18. Lecture

JEAN 8, 1-11

Les maîtres de la Loi et les Pharisiens
lui amènent une femme surprise en adultère.
Ils la placent au centre, puis ils lui demandent:
«Maître, cette femme est une adultère
et elle a été prise sur le fait.
Dans la Loi, Moïse nous a ordonné de lapider les femmes
qui sont dans ce cas,
mais toi, qu'est-ce que tu dis?» [...]

Jésus se pencha et se mit à écrire sur le sol avec son doigt.
Comme ils insistaient avec leurs questions,
Jésus se redressa et leur dit:
«Que celui d'entre vous qui n'a pas de péché
lui jette la pierre le premier.»
Et de nouveau il se pencha et se mit à écrire sur le sol.
Après une telle réponse,
ils commencèrent à s'en aller l'un après l'autre
en commençant par les plus âgés. [...]

Jésus dit à la femme:
«Femme, où sont-ils? Personne ne t'a condamnée?»
Elle répondit: «Personne, vous voyez.»
Et Jésus lui dit:
«Moi non plus, je ne te condamne pas;
va et ne pèche plus.»

Moment de réflexion personnelle.

19. Réflexions

a) Être sauvé, c'est être pardonné.

b) Saint Jean a écrit:

Si nous disions que nous n'avons pas de péché,
ce serait nous tromper nous-mêmes:
la vérité ne serait pas en nous.
Mais si nous reconnaissons nos péchés,
lui qui est fidèle et juste
nous enlèvera nos péchés:
il nous purifiera de tout mal. (1 Jn 1, 8-9)

Moment de réflexion silencieuse.

Invitation à se lever.

20. Intercession

Pour que dès maintenant le salut de Dieu que le Christ nous a acquis nous soit donné, prions avec confiance.

Répons ÉCOUTE-NOUS ET SAUVE-NOUS! (MNA 33.11, p. 199) ou JÉSUS, LUMIÈRE DU MONDE, SAUVE-NOUS! (MNA 33.35, p. 202)

Le président peut inviter les membres de l'assemblée à se courber pendant qu'ils se reconnaissent pécheurs, puis à se relever et à lever les bras durant le répons de supplication.

— Notre péché, Seigneur Jésus, nous le reconnaissons; mais nous avons confiance en toi. Viens nous sauver!

— Les forces du mal, nous reconnaissons qu'elles habitent non seulement en dehors de nous, mais qu'elles sont aussi en nous. Pour en être libérés, nous nous tournons vers toi et nous t'implorons. Viens nous sauver.

— Nous croyons en toi, Seigneur Jésus, sauveur du monde; mais augmente notre foi et viens nous sauver.

— Seigneur Jésus, Messie de Dieu, toi qui as pardonné à la femme adultère, toi qui as redonné espoir à la Samaritaine, toi qui as fait de Zachée un homme nouveau, nous t'en prions, viens nous sauver !

— Seigneur Jésus, toi qui as pardonné à Pierre son reniement, toi qui aurais pardonné à Judas s'il ne s'était pas éloigné de toi, toi qui as promis au bon Larron d'être avec toi en paradis, nous t'en prions, viens nous sauver.

Plage musicale.

V. Conclusion

21. Introduction au chant final

En venant nous sauver et sauver le monde, le Christ Jésus nous donne son Esprit : l'Esprit qui rend libre et fait vivre, l'Esprit qui conduit à la vérité entière et garde dans la lumière. Il met en nous cet unique Esprit qui fait de nous des enfants de Dieu et nous rend capables d'aimer.

Au terme de notre célébration, invoquons Dieu. Qu'il fasse jaillir en nous l'Esprit.

22. Chant

DIEU QUI NOUS APPELLES À VIVRE (K 158 ; CN 3, p. 180 ; MNA 33.52, p. 205)

23. Bénédiction finale

Frères et sœurs,

Forts de l'Esprit qui est en vous, allez annoncer autour de vous que le Christ est l'unique sauveur du monde.

Allez dire que son salut brise les chaînes et redonne la joie.

Et que Dieu Tout-Puissant vous bénisse, le Père, le Fils et le Saint-Esprit. — Amen.

Allez dans la paix, dans la joie et dans l'amour du Christ.
— Nous rendons grâce à Dieu.

Pièce d'orgue joyeuse.

Table des chants,
des acclamations et des invocations

Table des matières

Achevé d'imprimer
en janvier 1997
sur les presses de
Imprimerie H.L.N.

Imprimé au Canada – Printed in Canada